어린이를 위한
철학자의 말

내 마음을 단단하게 지켜주는 빛나는 철학의 문장들

어린이를 위한 철학자의 말

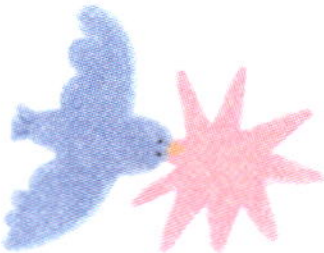

김종원 지음

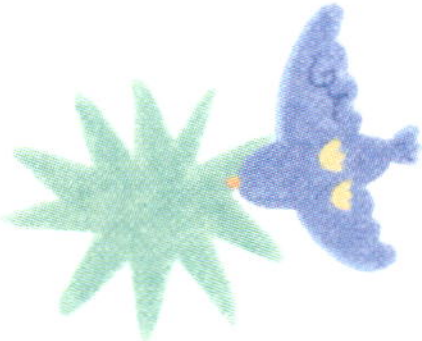

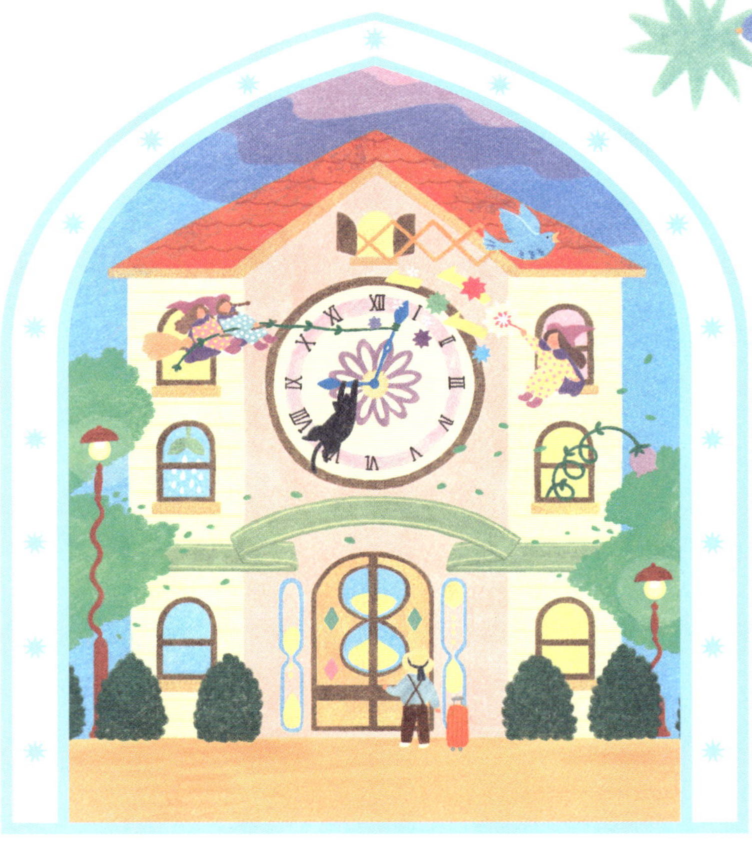

wilma

※ 작가의 말

나는 내 생각보다 강하고, 빛나는 재능을 갖고 있습니다.

> 세상의 모든 것을 굳이 다 이해할 필요는 없습니다.
> 꽃잎을 줍는 순간을 즐기고 그 순간에 만족한다면,
> 나의 하루는 충분히 아름다우니까요.
>
> _ 라이너 마리아 릴케(Rainer Maria Rilke)

여러분과 함께 귀한 철학 이야기를 할 수 있어서 정말 기쁘고 행복합니다.

이 책을 읽고 필사하는 동안 여러분은 놀라운 변화를 경험하게 될 거예요. 선생님이 오랫동안 글을 읽고 쓰면서 꼭 필요한 이야기라고 생각했던 내용을 가득 담았거든요.

철학을 배우고 읽는 하루하루를 보내면, 매일을 대하는

태도와 습관도 예쁘게 바뀔 것입니다.

　　나무의 어린 가지를 구부리면, 그 가지는 계속 구부러진 상태로 자라요. 습관도 마찬가지입니다. 좋은 습관을 가지면 우리가 살아갈 내일도 좋은 일만 가득해질 거예요. 매일 조금씩 이 책을 읽으며 그런 멋진 미래를 만들어 나가기로 해요.

　　'철학'은 어른들이나 읽는 어려운 책 같다고요? 전혀 어렵지 않으니 걱정할 필요 없어요. 게다가 앞에 소개한 릴케의 말처럼 책에 있는 모든 내용을 다 이해할 필요도 없습니다.

　　장미의 매력을 느끼기 위해 장미꽃에 대해 낱낱이 분석하고 이해할 필요가 있을까요? 그렇지 않아요. 꽃의 가치는 아름다운 모습과 향기에 있으니까요. 그저 보고 느끼면 됩니다. 철학도 그래요. 읽고 마음에 담는 것만으로도 충분해요.

　　여러분이 이 책을 읽고 꼭 기억했으면 하는 두 가지가 있어요.

　　하나는, 나의 가능성을 믿고 스스로 선택하는 사람만이

자신의 두 다리로 당당하게 서서 세상을 살아갈 수 있다는 것입니다. 내가 원하는 것이 무엇인지 아는 사람만이 하루를 가치 있게 살 수 있거든요. 그 누구도 나에게 어떤 선택을 하라고 강요할 수 없어요. 부모님이나 선생님도요. 이 책에 등장하는 철학자들도 '자기 생각을 가지고 자유롭게 선택하고 행동하며 살아야 한다.'고 말하고 있어요.

다른 하나는, 예쁜 말에 긍정적인 에너지가 함께 한다는 것입니다. 그러니까 우리 지금부터 좀 더 예쁘게 말하기로 해요. 사랑하는 부모님께, 소중한 친구들과 주변 사람들에게, 무엇보다 나 자신에게 말이죠. 꽃을 든 손에는 향기가 머물듯, 예쁜 말을 하는 사람에게는 좋은 향기가 머뭅니다. 그래서 내 곁에 좋은 사람들이 더 많이 모이죠.

누구에게나 힘든 날이 있어요. 선생님은 그럴 때 여러분이 이 책을 펼쳐보면 좋겠습니다. 좋은 글은 지친 마음을 쉬게 해주는 특별한 힘이 있거든요. 수천 년간 우리와 함께 한 철학자들의 말을 읽고 필사하다 보면, 마음이 차분해지는 것을 느낄 수 있을 것입니다.

역사에 남은 철학자들은 늘 도전하는 삶을 살았어요. 수많은 반대를 이겨내고 새로운 생각을 발표했죠. 여러분도 위대한 철학자들처럼 '할 수 없다.'는 말을 사용하지 않는 사람으로 자랐으면 좋겠어요. 버릇처럼 할 수 없다는 말을 하면 도전하기를 겁내게 되고, 새로운 일을 시작할 수가 없거든요.

실패를 두려워하지 말아요. 실패는 부끄러운 경험이 아니라 귀한 재산입니다. 위대한 성공은 모두 수많은 실패를 딛고 이루어졌다는 사실을 잊지 마세요.

철학과 함께 살아갈 여러분의 근사한 시작을 응원합니다.

여러분이 가진 가치와 재능을 누구보다 사랑하는
김종원 선생님이

차례

4 작가의 말

 1 **희망: 나는 나의 내일을 기대해요**

16 한 번 시작한 일을 끝까지 해야 하는 이유 요한 볼프강 폰 괴테
19 목적 없이 사용하는 스마트폰은 해롭습니다 레오나르도 다 빈치
22 나는 나라서 특별합니다 아르투어 쇼펜하우어
26 생각을 바꾸면 세상 모든 것이 새롭게 보입니다 르네 데카르트
29 '자신'을 알아야 '자신감'을 높일 수 있습니다 소크라테스
32 모든 결과에는 과정이 있습니다 아리스토텔레스
36 10분의 자유 시간에 뭘 할까요? 새뮤얼 존슨
39 자신감이 없을 땐 자신 있는 척해보세요 찰스 다윈
42 사랑을 실천하는 사람이 행복해질 수 있습니다 이마누엘 칸트
46 세상에는 하기 싫어도 꼭 해야 하는 일이 있습니다 아리스토텔레스
49 할 수 있다고 믿는 만큼 성장할 수 있습니다 바뤼흐 스피노자
52 내가 10살이면 부모님도 10살입니다 레프 톨스토이

2 태도: 나의 태도가 내가 살아갈 세상을 만듭니다

58 나는 운이 좋은 사람이라고 생각해 보세요 윌 로저스

61 시간이 없다는 말은 변명일 뿐이에요 토머스 에디슨

64 성실한 태도가 큰 차이를 만듭니다 플라톤

68 습관이 나를 만듭니다 아우렐리우스 아우구스티누스

71 멋진 사람은 스스로 선택하고 책임을 져요 마르쿠스 아우렐리우스

74 꾸준함보다 귀한 재능은 없어요 토머스 에디슨

78 '때문에'를 '덕분에'로 바꾸면 하루가 아름다워져요 마르쿠스 툴리우스 키케로

82 겁먹지 말고 도전하면 결국 해낼 수 있어요 요한 볼프강 폰 괴테

85 지루해도 끝까지 해야 하는 이유 프리드리히 빌헬름 니체

88 왜 실패했는지 자꾸 생각해 보세요 르네 데카르트

92 반복하면 익숙해지고, 익숙해지면 즐길 수 있어요 단테 알리기에리

95 오늘을 충실히 보내야 원하는 걸 얻을 수 있어요 헨리 데이비드 소로

3 관계: 나는 나의 색으로 빛나는 사람입니다

- 100 좋은 마음을 예쁜 말로 표현하세요 르네 데카르트
- 103 지혜로운 사람은 왜 싸우지 않을까요? 윌리엄 셰익스피어
- 106 자기 주장만 하는 친구와 다투었나요? 아리스토텔레스
- 110 자기 일에 집중하는 사람은 남의 흉을 볼 틈이 없습니다 마크 트웨인
- 113 덜 말하고 더 들으면 친구의 좋은 점이 보입니다 에픽테토스
- 116 왜 미안하다고 사과해야 할까요? 마거릿 리 런벡
- 120 진심을 담아 인사를 하면 기적이 일어나요 클래런스 토머스
- 123 친구의 장점을 찾다 보면 나도 행복해집니다 마르쿠스 아우렐리우스
- 126 친구가 나를 오해한다면 당당히 맞서세요 프리드리히 빌헬름 니체
- 130 상대의 진심을 알면 미운 마음이 사라집니다 찰스 칼렙 콜튼
- 134 앞에서 하는 말과 뒤에서 하는 말이 같은 사람 공자
- 137 과시하지 않는 사람이 빛나는 이유 소크라테스

4 공부: 배우고 깨닫는 삶은 아름다워요

142 세상에 사소하거나 시시한 일은 없어요 장자

145 지혜로운 사람은 늘 '왜?'라고 질문해요 레프 톨스토이

148 나는 언제든 틀릴 수 있습니다 에픽테토스

152 모르는 게 많다는 건 배울 기회도 많다는 거예요 장 폴 사르트르

155 책을 느리게 읽을수록 얻는 것이 많아집니다 토마스 풀러

158 '한번 해 볼까?'라는 말이 소중한 이유 게오르크 빌헬름 프리드리히 헤겔

162 친절은 그 어떤 지식보다 위대합니다 블레즈 파스칼

165 책을 읽으면 지혜로운 사람들과 대화할 수 있습니다 르네 데카르트

168 공부하는 이유는 감정을 바르게 표현하기 위함입니다 오노레 드 발자크

172 어려운 일일수록 당당하게 도전하세요 요한 볼프강 폰 괴테

176 질문은 우리를 미지의 세계로 초대합니다 장 폴 사르트르

179 지혜로운 사람이 되고 싶다면 다른 사람의 의견을 존중하세요 플라톤

5 내면: 내 안에 숨은 가치를 발견해요

- 184 적당한 휴식은 나를 단단하게 만들어 줍니다 소크라테스
- 187 유혹을 이겨낼 수 있는 사람 아리스토텔레스
- 190 단단한 자존감은 어떻게 만들어질까? W.C. 필즈
- 194 지금 내가 가진 것을 소중히 여기고 감사하는 마음 에피쿠로스
- 197 사람에게 사랑만큼 소중한 것은 없어요 표도르 미하일로비치 도스토예프스키
- 200 할 수 있다는 생각은 마법 주문과도 같아요 베르길리우스
- 204 남을 탓하기 전에 나의 할 일을 먼저 하세요 플라톤
- 207 용기 있는 사람은 오히려 조용합니다 볼테르
- 210 나쁜 것은 빨리 버리세요 노자
- 214 걱정할 필요가 없는 이유 달라이 라마
- 218 감정을 다양한 단어로 표현해 보세요 루트비히 비트겐슈타인
- 221 내일의 나는 오늘의 내가 만듭니다 조지 고든 바이런

1장

"내게는 사소한 시간이 없습니다.
아주 짧은 시간도 귀하게 여기며
그때그때 할 수 있는 일을 하죠.
그렇게 나는 매일을 의미 있게 보냅니다."

희망

나는 나의 내일을 기대해요

한 번 시작한 일을 끝까지 해야 하는 이유

아는 것만으로는 충분하지 않습니다.
아는 것을 적용해야 하죠.
의지만으로는 충분하지 않습니다.
끝까지 적극적으로 실행해야 합니다.

_요한 볼프강 폰 괴테(Johann Wolfgang von Goethe)

괴테는 독일의 대표적인 소설가이자 시인, 철학자예요. 《젊은 베르테르의 슬픔》, 《파우스트》 등의 작품을 남겼지요.

시작은 누구나 당장 할 수 있습니다. 하지만 시작한 일을 계속하는 것은 쉽지 않아요.

　새해 혹은 새학기마다 이런저런 목표를 세우고 꼭 이루겠다고 다짐하지만 중간에 포기하는 경우가 많아요. 독서도 마찬가지입니다. 책 한 권을 끝까지 읽는 건 생각보다 쉽지 않습니다. 그래서 늘 중간에 그만두고 말죠.

　자꾸만 이렇게 시작한 일을 중간에 포기하면, 포기하는 게 습관이 될 수도 있습니다.

　달리기를 예로 들어 볼게요. 100미터 달리기를 하는데, 아무리 1등으로 출발했어도 중간에 포기하면 기록은 0이 됩니다. 1등은 커녕 등수조차 받을 수 없죠.

　세상에는 지치고 지루해서 힘들어도, 반드시 끝마쳐야만 하는 일들이 있어요. 끝까지 해낸 사람만이 그 일에 대해 말할 자격이 있습니다. 중간에 포기하면 결승점의 모습이 어떻게 생겼는지 알 수 없으니까요.

"멋진 시작은
누구에게나 주어지지만,
근사한 끝은
모두에게 주어지지 않습니다.
나는 한 번 시작한 일을
끝까지 해내는 사람입니다."

목적 없이 사용하는 스마트폰은 해롭습니다

목적 없는 공부는
기억력에 나쁜 영향을 주며,
머릿속에 들어온 어떤 것도
간직하지 못하게 합니다.

_레오나르도 다 빈치(Leonardo da Vinci)

다 빈치는 이탈리아의 예술가예요. 화가이자 조각가, 발명가, 건축가, 해부학자이지요. 다 빈치는 인류 역사를 바꾼 10명의 천재 중 가장 창의적인 인물 1위로 선정되기도 했답니다.

"지우는 작년부터 스마트폰 가지고 다닌단 말이야!"

"우리 반에 스마트폰 없는 애는 나 뿐이야."

스마트폰을 갖고 싶은 마음은 이해해요. 부모님도 그걸 모르시는 것은 아닙니다. 하지만 이런 말은 스마트폰을 갖고 싶은 이유가 될 수 없답니다. 친구가 가지고 있다는 점이 내게도 있어야 할 이유가 될 수는 없으니까요.

무언가를 갖고 싶다면, 내게만 존재하는 분명한 이유가 있어야 합니다. 이를테면 이런 식으로 말이죠.

"급할 때 전화를 해야 하니 필요해요."

"음악을 듣고 사진도 찍고 싶어요."

무엇이든 그렇습니다. 그냥 남들을 따라서 사면, 그 물건의 가치를 제대로 누릴 수 없어요. 결국 남들처럼 스마트폰으로 게임이나 하고, 유튜브로 별 의미 없는 영상을 보며 시간만 보내게 되는 거죠.

스마트폰 자체가 나쁜 게 아니라, 아무런 목적 없이 사용하는 게 나쁜 거예요.

"버스를 탈 때 목적지를 정해야
원하는 장소에 도착하듯,
스마트폰을 살 때도
분명한 목적이 있어야 합니다."

나는 나라서 특별합니다

인간은 다른 사람처럼
되고자 하기 때문에
자신의 잠재력을
4분의 3이나 잃습니다.

_아르투어 쇼펜하우어(Arthur Schopenhauer)

쇼펜하우어는 독일의 대표적인 철학자예요.

"나도 저 친구처럼 할 수 없을까?"

"아, 닮고 싶다."

다른 사람이 갖고 있는 어떤 부분이 부러울 때가 있습니다. 그런 마음이 생기는 건 어른들도 마찬가지예요.

세상은 가끔 뒤쳐진 나를 차가운 눈으로 바라보며, "친구는 앞서 가잖아. 따라잡아 보자."라고 말하기도 할 겁니다. 하지만 그런 말에 흔들릴 필요는 없어요. 게으른 것이 아닌 한, 세상에 속도가 느린 사람은 없는 거니까요.

우리 모두에게는 각자의 속도가 있습니다. 오히려 모두가 같은 속도로 달린다면, 그게 더 이상할 것 같지 않아요?

우리에게는 각자 자신에게 맞는 속도가 있고, 그렇기 때문에 특별한 거예요. 굳이 다른 사람을 닮을 필요는 없습니다.

"속도가 다른 건 걱정할 게 아니라,
오히려 기뻐해야 할 일입니다.
나만의 길을 간다는 증거니까요.
나는 다른 속도로 가는 나를
믿고 사랑합니다."

생각을 바꾸면 세상 모든 것이 새롭게 보입니다

나는 생각합니다.
그러므로 나는
존재합니다.

_르네 데카르트(Rene Descartes)

데카르트는 프랑스의 철학자이자 수학자, 과학자예요. 근대 철학의 아버지라고도 불려요.

사람이 많이 탄 엘리베이터를 타고 꼭대기 층까지 가는 일은 조금 짜증이 납니다. 사람들이 내리고 타기를 반복하는 바람에 자꾸 멈추니까요. 그래서 이런 생각을 하게 되죠.

　'차라리 계단이 빨랐겠네!'

　그 생각과 동시에 엘리베이터 안에 있는 시간이 더욱 짜증나고 지루해집니다.

　이때 생각을 이렇게 바꾸면 어떨까요.

　'나는 가장 늦게 내리는 게 아니라, 가장 높은 곳으로 가는 거다.'

　어떤가요? 가장 높은 곳에서 아래를 내려다보는 모습이 머릿속에 그려지면서 전혀 다른 기분이 느껴지죠? 생각은 이렇게 중요합니다. 내 마음과 상황을 완전히 다르게 바꿔버리기도 하니까요.

　세상에 무조건 나쁜 경우는 없어요. 생각을 통해서 그 상황을 아름답게 재해석할 수 없는 사람만 있을 뿐입니다. 생각은 내 삶을 가치 있게 만드는 아주 특별한 발명품입니다.

"내가 어떤 생각을 가지고,
어떤 눈으로 바라보느냐에 따라
세상은 다르게 보입니다.
뭐든 아름답게 바라보면서
생생하게 표현할 수 있다면,
내 세상은 더 빛날 것입니다."

'자신'을 알아야 '자신감'을 높일 수 있습니다

그 누구보다
먼저 자기 자신을
알아야 합니다.

_소크라테스(Socrates)

소크라테스는 고대 그리스의 철학자예요. '너 자신을 알라'라는 말을 남긴 사람으로 잘 알려져 있어요.

우리는 종종 "난 뭐든 다 잘할 수 있어!"라고 당당하게 말하는 사람을 만납니다. 그런 사람을 보면 자신감이 부럽기도 하고, '정말 뭐든 잘할까?' 하는 의심도 생기지요.

사실 진짜로 자신감이 있는 사람은 뭐든 다 잘한다고 큰소리치지 않습니다. 오히려 "나는 이런 걸 잘해. 하지만 이런 점은 좀 부족해."라고 솔직하게 말하죠. 그 누구보다 자기 자신을 잘 알고 있기 때문에 내가 잘하는 것과 못하는 것이 무엇인지 알거든요.

철학자 소크라테스가 "자신을 제대로 아는 게 중요하다."고 말한 이유도 여기에 있어요. 오히려 뭐든 다 잘할 수 있다고 외치는 건 자신감이 아니라 허풍일 가능성이 높습니다. 자신에 대해 잘 모르는 사람일 수도 있죠.

진짜 자신감이 넘치는 사람은 나에 대해 잘 알기 때문에 내가 잘하는 것과 못하는 것이 무엇인지 정확하게 구분할 수 있어요. 그래서 잘할 수 있는 일에 더 최선의 노력을 하고, 못하는 일은 배우려는 의지를 가진답니다.

"나는 나를 잘 알고 있습니다.

'자신'에 대해서 잘 아는 사람이

'자신감'을 제대로 발휘할 수 있죠.

나는 앞으로도 나 자신을

더 잘 알기 위해서 노력할 것입니다."

모든 결과에는
과정이 있습니다

정의로운 행동을 해야 정의로워지고
절제하는 행동을 해야 절제하게 되며,
용감한 행동을 해야 용감해집니다.

_아리스토텔레스(Aristoteles)

아리스토텔레스는 고대 그리스의 철학자예요. 물리학, 시, 생물학, 동물학, 정치학, 윤리학 등 다양한 분야를 연구하고 책을 썼어요.

"손님이 많아서 이렇게 바쁜데, 어쩌면 그렇게 친절하실 수 있나요?"

"너는 반에서 공부를 가장 잘하는데, 어쩌면 그렇게 성실하게 예습하고 복습을 하니?"

손님이 많아서 정말 바쁜데도 힘든 티를 내지 않고 늘 친절한 사장님, 1등을 놓치지 않는데도 예습과 복습을 게을리하지 않는 친구. 비현실적이라고요? 위의 문장에는 비밀이 숨어 있답니다.

뒤에서부터 거꾸로 읽어보면 그 비밀이 무엇인지 알 수 있어요. 친절하니 손님이 많은 것이고, 예습과 복습을 철저하게 하니 공부를 잘하게 된 거죠.

아리스토텔레스의 말을 곱씹게 됩니다. 우리가 알고 있는 모든 멋진 결과에는 '과정'이 있습니다. 과정을 경험하지 않고 얻을 수 있는 결과는 없죠.

"무언가가 되고 싶다면,
무언가를 한 시간이 필요합니다.
'우등생'이라는 명사를 얻기 위해서는
'공부한 시간'이라는 동사가 필요하죠.
동사의 나날을 보내지 않고서는,
명사라는 목표를 잡을 수 없습니다."

10분의 자유 시간에 뭘 할까요?

우리에게 주어진
짧은 인생은
시간 낭비로 인해서
더욱 짧아집니다.

_새뮤얼 존슨(Samuel Johnson)

존슨은 영국의 시인이자 평론가예요. 영국에서 최초로 영어사전을 만든 사람으로 알려져 있지요.

여러분은 하루에 책을 얼마나 읽고 있나요? 10페이지? 아니면 한 권? 선생님은 조금 특별한 방식으로 책을 읽고 있어요. 시간을 기준으로 책을 선택해서 읽는 거죠.

질문 하나만 할게요. 만약 학원에 가기 전까지 자유시간이 10분 남아 있다면, 여러분은 무엇을 하나요? 사실 10분이라는 시간은 참 애매해요. 어떤 일을 하기에는 너무 짧아서 스마트폰을 만지작대거나 게임을 하며 의미 없이 보내게 되죠. 하지만 선생님은 그때 바로 이런 선택을 해요.

"10분이 생겼으니, 10분 동안 읽을 수 있는 책을 읽자."

존슨의 말처럼 우리의 인생은 짧아요. 중요한 건, 시간을 허투루 보냄으로써 그 짧은 인생이 더 짧아진다는 사실이죠.

10분을 하찮게 생각하며 그냥 보내 버리면, 우리의 하루 전체가 하찮아져요. 하지만 10분도 소중히 여기며 그 시간에 할 수 있는 작은 일을 하면 우리의 하루 전체가 소중해집니다.

"내게는 사소한 시간이 없습니다.

아주 짧은 시간도

귀하게 여기며

그때그때 할 수 있는 일을 하죠.

그렇게 나는 매일을 의미 있게 보냅니다."

자신감이 없을 땐
자신 있는 척해보세요

자신감 있는 표정을 지으면,

나도 모르게

자신감이 생깁니다.

_찰스 다윈(Charles Robert Darwin)

다윈은 영국의 생물학자이자 지질학자예요. 진화론을 발전시키는 데 큰 기여를 해서 철학자로 인정받기도 해요.

착한 척, 바른 척, 정직한 척. 세상에는 온갖 척이 많습니다. 그리고 대부분 이런 척을 좋아하지 않죠.

여러분도 '척하는' 것은 나쁘다고 생각할 거예요. 하지만 선생님의 생각은 조금 달라요. 살다 보면 '척하는' 것이 도움이 될 때도 있거든요.

사람들 앞에 서는 것이 부끄러워 심하게 떠는 사람이 있다면, 아무렇지 않은 척, 떨리지 않는 척하는 게 큰 도움이 됩니다. 조금 떨리지만 떨리지 않는 척 당당하게 앞을 보며 걸어가면, 나중에는 그게 습관이 되어서 진짜로 떨지 않는, 마음이 단단한 사람으로 성장할 수 있어요.

자신감 있는 표정을 지으면 저절로 자신감이 넘치는 사람이 된다는 다윈의 말처럼 행동하는 대로 생각하고 살게 되는 거예요.

스스로 생각할 때 자신감이 조금 부족하다면 오늘부터 '척하기'를 시작해 보세요. 당당한 척, 두렵지 않은 척. 이런 척은 자신에게 좋은 영향을 주는 좋은 척입니다.

"자신감은 누가 주는 게 아닙니다.
내가 나에게 선물하는 거죠.
두렵고 힘들 때 나는 더욱
당당하고 자신 있게 행동합니다."

사랑을 실천하는 사람이 행복해질 수 있습니다

행복해지고 싶다면
세 가지 원칙을 지키세요.
하나, 어떤 일을 할 것.
둘, 어떤 사람을 사랑할 것.
셋, 어떤 일에 대한 희망을 가질 것.

_이마누엘 칸트(Immanuel Kant)

칸트는 독일의 철학자예요. 매일 정확히 같은 시간에 산책을 한 일화가 유명해서 '걸어다니는 시계'라는 별명이 있지요.

한 가족의 감동적인 이야기를 들려줄게요. 초등학생 아들이 큰 수술을 해야 하는데 피가 부족하자, 아빠는 아들과 유일하게 혈액형이 같은 어린 딸에게 이런 부탁을 했습니다.

　"네가 오빠에게 피를 나눠줄 수 있겠니?"

　동생은 기꺼이 오빠에게 피를 나누어 주었고, 수술도 무사히 끝났습니다. 이 소식을 들은 딸은 기뻐하면서도 슬픈 표정으로 물었습니다.

　"다행이에요. 그런데 아빠, 저는 언제 죽게 되나요?"

　"그게 무슨 말이니? 네가 왜 죽어?"

　"다른 사람에게 피를 주면 곧 죽는 게 아닌가요?"

　그렇습니다. 동생은 자신이 죽을 수 있다고 생각하면서도 사랑하는 오빠를 위해 피를 나누어 준 것입니다.

　칸트의 말처럼 행복해지기 위한 방법은 어렵지 않습니다. 사랑하는 사람을 위해 희망을 품고, 어떤 일을 해 보세요. 분명 마음 속에 행복이 가득 찰 거예요.

"행복은 사랑을 실천하고
희망을 가진 사람의 것입니다.
누구든 그렇게 하루하루를 살면
저절로 행복해지죠."

세상에는 하기 싫어도 꼭 해야 하는 일이 있습니다

반드시 해야 할 일을
제때 훌륭히 해내는 태도,
혹은 늘 미루기만 하는 태도는,
그 사람이 가진 성품과
깊은 관계가 있습니다.

_아리스토텔레스(Aristoteles)

아리스토텔레스는 고대 그리스의 철학자예요. 물리학, 시, 생물학, 동물학, 정치학, 윤리학 등 다양한 분야를 연구하고 책을 썼어요.

세상에는 이유가 필요 없는 게 있습니다. 학생에게는 대표적인 게 바로 독서와 공부입니다.

　"공부는 왜 해야 하나요?", "책은 왜 읽어야 하나요?"라고 질문하는 친구들이 참 많습니다. 답은 아주 간단해요.

　"사람으로 태어나서, 사람 구실을 하고 살기 위해서는 반드시 책을 읽고 공부를 해야 한다."

　양치질을 하고 몸을 씻는 것도 마찬가지입니다. 어떤 대가가 필요하거나 이유가 필요한 일이 아니죠. 당연히 해야 하는 건, 따지거나 설명을 요구하지 않아야 합니다. 숨을 쉬듯 매일 반복해서 해야 하는 일이니까요.

　아리스토텔레스가 '수준 높은 성품을 가진 사람들은 자신에게 주어진 의무를 반드시 지키며 산다.'라는 말을 한 이유도 여기에 있습니다. 낮은 수준의 성품을 가진 사람은 자신이 반드시 해야 할 일에 대해 자꾸만 이유를 묻고 핑계를 대며 하지 않으려고 합니다.

"나는 내게 주어진 의무를
철저하게 이행합니다.
살면서 반드시 해야 할 것들은
즐겁게 웃으며 해냅니다."

할 수 있다고 믿는 만큼 성장할 수 있습니다

'나는 그 일을 할 수 없어.'
라고 생각하는 건,
그 일을 하기 싫다고
다짐하는 것과 같습니다.

_바뤼흐 스피노자(Baruch Spinoza)

스피노자는 네덜란드의 철학자예요. '내일 지구가 멸망한다 해도 나는 한 그루의 사과나무를 심겠다.'라는 말을 남긴 사람이지요.

생각은 아주 힘이 셉니다. 할 수 있다고 생각하면 결국 할 수 있게 되고, 할 수 없다고 생각하면 놀랍게도 평생 그걸 할 수 없는 사람으로 살게 됩니다.

말은 자신의 가능성을 키울 수도, 꺾어버릴 수도 있어요. 그래서 조심스럽게 잘 다뤄야 합니다.

입버릇처럼 '할 수 없다.'고 말하는 건 정말 나쁜 습관입니다. 그건 스피노자의 말처럼, '나는 그걸 절대로 하기 싫어.'라는 주문을 반복해서 외우는 것과 같으니까요.

달리기를 할 때 최선을 다해도 1등을 하지 못할 수는 있습니다. 하지만 달리다 보면 언젠가 1등을 할 수도 있죠. 그런데 어차피 1등은 할 수 없다며 달리지 않으면 어떨까요? 1등을 할 수 있는 기회조차 얻을 수 없습니다.

누구도 결과는 알 수 없어요. 하지만 그럼에도 일단 시도하는 건, 자신에게 가능성을 선물하는 멋진 일입니다.

"나는 뭐든 가능하다고 생각하며
주변을 바라봅니다.
'나는 할 수 있습니다.'라고
습관적으로 말하면서
자신의 가능성을 믿는 사람은
그 가능성의 크기만큼 자랄 수 있습니다."

내가 10살이면
부모님도 10살입니다

나는 내가
사랑하는 것만
이해할 수 있습니다.

_레프 톨스토이(Leo Tolstoy)

톨스토이는 러시아의 작가예요. 대표적인 작품은 《전쟁과 평화》, 《안나 카레니나》 입니다.

여러분은 몇 살인가요? 이 책의 독자라면 때로는 실수도 하고, 아직 완벽히 해내지 못하는 것도 많은 어린이일 거예요. 수업 시간 내내 의자에 앉아 있는 것도 익숙하지 않고, 매일 일기를 쓰는 것도 너무 힘들게 느껴질 수 있어요.

그런데 그건 부모님도 마찬가지입니다. 여러분이 10살이라면, 부모님도 부모가 된 지 10년밖에 되지 않았으니 부모 나이로는 10살이죠. 내가 아직 못하는 일이 많듯, 부모님도 익숙하지 않고 어려운 일이 많아서 힘드실 겁니다.

여러분이 '부모님이 나를 더 사랑해 주셨으면', '내가 원하는 걸 사 주셨으면' 하는 기대를 가질 수는 있지만, 모두 해주시지 않는다고 부모님을 미워하지는 않았으면 좋겠어요.

그러기 위해 나와 부모님 사이에 꼭 필요한 것이 바로 '사랑'입니다. 톨스토이의 말처럼 우리는 사랑하는 것만 이해할 수 있으니까요. 부모님이 우리를 사랑하기에 이해하려 노력하시듯, 우리 역시 부모님을 사랑하기에 힘든 마음을 이해할 수 있습니다.

"사랑하면 이해하게 되고,
이해하게 되면 보이는 게 다릅니다.
나를 위해 희생하는 사람들이 보이죠.
나만 어렵고 힘든 게 아닙니다.
나를 사랑하는 주위 사람들을 떠올리며
좀 더 힘을 내야겠습니다."

2장

"세상에 처음부터 즐거운 일은 없어요.
한 걸음 한 걸음 나아가며
실력을 길러야 비로소
즐길 수 있는 날이 오죠."

태도

나의 태도가 내가 살아갈 세상을 만듭니다

나는 운이 좋은 사람이라고 생각해 보세요

불안은 흔들의자와 같습니다.
끊임없이 움직이긴 하지만
나를 원하는 곳으로
데려다 주지는 못합니다.

_월 로저스(Will Rogers)

로저스는 미국의 정치인이자 언론인, 배우예요.

프랑스의 황제였던 나폴레옹은 전쟁에서 중요한 일을 맡길 때, 반드시 병사에게 이런 질문을 던졌다고합니다.

"당신은 운이 좋은 사람인가요?"

힘과 전투 능력이 중요한 전쟁터에서 왜 이런 질문을 던졌을까요? 나폴레옹은 이 질문에 "아니오."라고 답한 사람은 바로 돌려보냈어요. 그 사람의 부정적인 생각이 다른 병사들에게도 나쁜 영향을 미친다고 생각했기 때문입니다.

스스로 운이 없다고 생각하는 사람은 모든 결과를 운이 결정한다고 생각해서, 오히려 노력을 하지 않고 나쁜 생각만 하며 살게 됩니다. 하지만 운이 좋다고 생각하는 사람은 좋은 결과를 기대하며 더 기쁘게 자신의 일을 하죠. 도전을 두려워하지도 않고요.

여러분도 스스로 운이 좋다고 생각해 보세요. 그러면 하루가 더 멋지게 바뀔 겁니다.

"나는 운이 좋은 사람입니다.

매일 성실하게 노력하고

모르는 건 배워서,

내가 가진 운을 더 키울 것입니다."

_____

_____

_____

_____

_____

_____

_____

시간이 없다는 말은 변명일 뿐이에요

변 명 중에서도
가장 어리석은 건,
'시간이 없어서'라는
부끄러운 변명입니다.

_토머스 에디슨(Thomas Alva Edison)

에디슨은 미국의 발명가이자 사업가예요. 전구를 비롯하여 세계에서 가장 많은 발명품을 남긴 사람으로 유명하죠.

"시간이 없어서 그건 도저히 할 수 없어!"

주변에서 이렇게 말하는 사람을 쉽게 볼 수 있습니다. 하지만 그런 사람들의 행동을 자세히 살펴보면 어떤가요? 말로는 시간이 없다고 말하면서 게으름을 피우고, 할 일이 너무 많아서 힘들다고 말하면서 늘 딴짓만 해요. 게으름을 피우니 늘 시간이 부족하게 느껴지는 것입니다.

정말 많은 일을 하고 있어서 바쁠 거라고 생각하는 사람들은 오히려 시간이 없다는 말을 하지 않습니다. 일분일초를 허투루 보내지 않고 시간을 체계적으로 사용하기 때문이죠.

우리는 시간이 모자라다고 불평하면서 마치 시간이 무한정 있는 것처럼 행동합니다. 세계에서 제일 많은 발명품을 남긴 에디슨은 이런 사람들을 보며 '시간이 없다는 변명은 자신의 부족함을 공개하는 어리석은 변명'이라고 말했답니다.

"우선순위를 만들어서
시간을 성실하게 사용하면,
시간이 없어서 하지 못한다는
어리석은 변명을 하지 않게 됩니다."

성실한 태도가
큰 차이를 만듭니다

이 세상에서 가장 큰 재산은
현명한 태도이고,
가장 큰 빈곤은
어리석은 마음입니다.

_플라톤(Platon)

플라톤은 서양 학문에 큰 영향을 미친 고대 그리스의 철학자예요.

수학 문제를 열심히 풀었지만 생각만큼 점수가 나오지 않을 때, 우리는 이렇게 한탄합니다.

"그냥 포기할까? 열심히 했는데 나아지지도 않고."

플라톤은 세상에서 가장 큰 재산은 '현명한 태도'라고 말했습니다. 여러분이 무엇을 하든 가장 중요한 건 태도라는 사실을 잊지 마세요.

수학 공부가 힘들게 느껴진 이유가 뭘까요? 목표 없이 무작정 문제만 풀었기 때문입니다. 목표를 향해 달리는 사람은 과정이 고통스럽기만 하지 않습니다. '지난 시험보다 두 문제 더 맞혀야지.' 같은 뚜렷한 목표가 있다면 힘든 가운데에서도 보람을 느끼고, 발전하는 자신의 모습을 발견하게 되죠. 과정을 대하는 태도가 달라지는 거예요.

지식이나 지혜가 부족해서 실패하는 사람은 별로 없습니다. 문제는 태도입니다.

"열 개를 아는 것보다 중요한 것은
하나를 알더라도
그 하나를 제대로, 끝까지 실천하는
성실한 태도입니다."

습관이 나를 만듭니다

내가 매일 반복하는 것이
나를 만듭니다.
탁월함은 행동이 아니라
반복된 습관이 만듭니다.

_아우렐리우스 아우구스티누스(Aurelius Augustinus)

아우구스티누스는 고대 로마의 기독교 신학자이자 철학자예요.

"너는 어떤 사람이 되고 싶니?"라는 질문에 뭐라고 답하시겠어요?

어떤 사람으로 살아야 좋을지 깊이 생각해본 적이 없어서 막막하다고요? 전혀 이상한 게 아닙니다. 어른들도 같은 고민을 하거든요.

선생님도 여러분도 '어떻게 살아야 할까?' 늘 고민하는 이유는 무엇일까요? 그건 말로 표현하는 게 아니라 행동으로 보여줘야 하는 것이기 때문입니다.

말로는 못할 일이 없어요. 어려운 것은 실천입니다.

로마의 철학자 아우구스티누스는 탁월한 사람이 되려면 거기에 맞는 습관을 가져야 한다고 했습니다. 내가 매일 반복하는 행동이 결국 나를 만들기 때문이죠.

오늘 나의 행동이 미래의 나를 만듭니다. 그러니 부끄러운 일은 최대한 하지 말고, 당당하고 자랑스러운 행동을 자주 하는 게 좋습니다.

"되고 싶은 것이 있다면
그 모습에 맞는 행동을
습관처럼 반복하면 됩니다.
어렵지만 견딜 수 있는 이유는,
미래의 나를 위한 것이기 때문이죠."

멋진 사람은 스스로
선택하고 책임을 져요

짐을 덜어달라고
부탁하기보다는,
무거운 짐도 거뜬히 질 수 있는
강한 어깨를 달라고
기도해 보세요.

_마르쿠스 아우렐리우스(Marcus Aurelius Antoninus)

아우렐리우스는 로마 제국의 16대 황제이자 철학자예요.

"이걸 먹을까, 저걸 먹을까?"

"이 길이 더 빠를까, 저 길이 더 빠를까?"

우리는 매일 다양한 선택을 하며 살아갑니다. 삶은 순간순간 어떤 선택을 하느냐에 따라 달라지기도 하죠. 그래서 우리는 '실수하면 어쩌지?', '이게 답이 아니면 어쩌지?'라는 생각에 선택하길 망설이거나 미루기도 해요.

지금 이 시간에도 선택 앞에서 고민하는 친구가 있다면, 선생님은 이렇게 말해주고 싶어요.

"네 선택은 언제나 옳아. 세상은 너의 선택을 믿고 지지한단다. 실패를 두려워하지 말고 자유롭게 선택하렴."

그러나 선택할 일이 너무 많아지면, 현명하게 생각할 수 없는 순간이 오기도 해요. 그럴 땐 아우렐리우스의 말처럼 많은 일을 거뜬히 해낼 수 있게 강한 어깨를 달라고 기도하는 게 어떨까요? 우리에게는 내가 선택한 길로 묵묵히 나아갈 수 있는 능력도 필요하니까요.

"나는 선택하는 것이 두렵지 않습니다.
더 강해진 어깨를 통해서,
내 선택에 책임을 질 수 있으니까요."

꾸준함보다
귀한 재능은 없어요

천재란, 자신에게 주어진 일을
꾸준히 반복하는 사람입니다.

_토머스 에디슨(Thomas Alva Edison)

에디슨은 미국의 발명가이자 사업가예요. 전구를 비롯하여 세계에서 가장 많은 발명품을 남긴 사람으로 유명하죠.

여러분은 어떤 사람을 천재라고 생각하세요? 세계에서 가장 많은 발명품을 남긴 사람인 천재 발명가 에디슨은 놀랍게도 '천재란 자신에게 주어진 일을 꾸준히 하는 사람'이라고 정의했습니다.

새로운 일을 하려는데 아무도 나를 지지하지 않을 때 여러분은 어떤 생각을 하나요? '이게 맞을까? 내가 틀린 건 아닐까?' 하며 자꾸 망설이게 됩니다. 이런 걱정을 하다 보면, 목표한 일을 해내기 어렵겠죠. 그래서 중요한 게 바로, '나에게 박수를 치며 사는 것'입니다.

물론 주변의 격려나 응원도 매우 중요합니다. 하지만 매번 주변의 응원을 받으며 살 수는 없어요. 때로는 아무도 나를 응원하지 않아도, 스스로에게 박수를 치며 꾸준히 조금씩 나아가는 자세가 필요합니다.

세찬 비바람이 몰아쳐도 강물이 조용히 흐를 수 있는 이유는, 제 갈 길을 꾸준히 가면 결국 원하는 곳에 도착할 거라는 믿음이 있기 때문입니다.

"모두가 실패할 거라고 비웃는 일도

꾸준히 성실하게 반복하면,

결국 성공하게 됩니다.

나는 쉽게 포기하지 않겠습니다.

그리고 꾸준히 노력하는 나에게

박수를 치며 살겠습니다.

나는 나 자신의 열렬한 팬이 되겠습니다."

'때문에'를 '덕분에'로 바꾸면 하루가 아름다워져요

감사하는 마음이
최고의 지혜입니다.
은혜를 되갚는 것보다
더 귀한 의무는 없습니다.

_마르쿠스 툴리우스 키케로(Marcus Tullius Cicero)

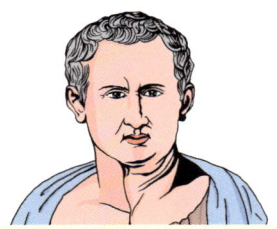

키케로는 로마의 작가이자 철학자, 강연가예요. 라틴어의 틀을 다진 사람으로 알려져 있어요.

같은 일을 겪었지만 어떤 사람은 이것을 '걸림돌'로 여기고, 어떤 사람은 이것을 '디딤돌'로 여깁니다. 예를 들어 볼게요. 친구랑 놀이터에서 만나기로 했는데, 친구가 사정이 있어서 5분 정도 늦었습니다. 그럼 여러분은 늦은 친구에게 뭐라고 말할 건가요?

　　"너 때문에 놀 수 있는 시간이 5분이나 줄었어!"

　　하지만 이렇게 말할 수도 있을 겁니다.

　　"네가 늦은 덕분에 놀이터에서 새 친구를 사귀었어."

　　물론 늦는 건 실례입니다. 다음부터는 늦지 말라고 이야기를 해야 하죠. 하지만 중요한 건, 그런 상황에서도 긍정적인 부분은 얼마든지 찾을 수 있다는 것입니다.

　　키케로가 감사의 중요성에 대해 말한 이유도 여기에 있죠. '때문에'라고 생각하면 모든 상황이 나쁘게만 보여요. 하지만 '덕분에'라는 말을 붙이면 숨어 있던 좋은 면이 보입니다.

"'때문에'라는 시선으로 세상을 보면
내 기분까지 나빠집니다.
나쁜 것만 바라보면 자연스럽게
내 마음까지도 나쁘게 변하거든요.
그래서 나는 '덕분에'라는 시선으로 세상을 봅니다.
감사하는 만큼 아름다운 것을 볼 수 있고,
그러면 내 마음도 더 예뻐지니까요."

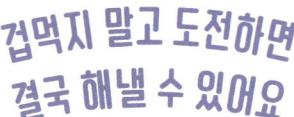

겁먹지 말고 도전하면
결국 해낼 수 있어요

새로운 일을 시작하는 용기 속에는
우리의 천재성과 기적이
모두 숨어 있습니다.

_요한 볼프강 폰 괴테(Johann Wolfgang von Goethe)

괴테는 독일의 대표적인 소설가이자 시인, 철학자예요. 《젊은 베르테르의 슬픔》, 《파우스트》 등의 작품을 남겼지요.

"난 이건 절대 못 해!"

혹시 여러분에게는 불가능하다고 생각되는 게 있나요? 축구 경기에서 멋지게 드리블을 해서 골을 넣는 것, 높은 산을 오르는 것, 혹은 수학 시험에서 100점을 받는 것? 아마 각자 다양한 것들이 있을 겁니다.

그런데 절대로 할 수 없다고 여겨지던 것들을 해낼 수 있는 방법이 있어요. 정말 간단한데요, 그냥 한번 해보는 겁니다. 지레 포기하지 말고 자꾸만 시도하고, 도전하는 거죠.

200년 전 사람이지만 지금까지도 존경받는 철학자인 괴테는 '천재란, 새로운 일을 시작하는 용기를 가진 사람'이라고 말했습니다.

나도 할 수 있다는 생각으로 포기하지 않고 자꾸 시도하면, 한때는 불가능하다고 생각했던 것들이 점점 가능해지는 기적을 만날 수 있죠. 여러분이 오늘 하는 실천이 곧 여러분이 앞으로 만날 기적인 셈입니다.

"모두가 불가능하다고 말하면,
이상하게 나는 더 도전하고 싶어져요.
도전하는 마음은 소중합니다.
시작하는 내 마음 속에는
천재성과 기적이 모두 있으니까요."

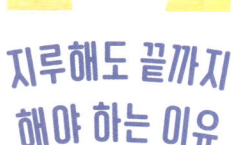

지루해도 끝까지 해야 하는 이유

고통은 오히려 나를
더 강하게 만듭니다.

_프리드리히 빌헬름 니체(Friedrich Wilhelm Nietzsche)

니체는 독일의 철학자이자 작가예요. '신은 죽었다'라는 말을 남긴 철학자로 유명하지요.

"책 읽기는 정말 괴로워! 동영상을 보면 시간이 금방 가는데!"

"기차를 타면 너무 지루해, 계속 같은 풍경만 보이잖아."

맞아요. 열차나 자동차를 타고 오랫동안 가면 누구라도 지루한 감정을 느끼게 됩니다. 비슷비슷한 풍경만 보이니 어쩔 수가 없죠. 그런데 그렇다고 중간에 멈추거나 내리면 어떤 일이 생길까요? 원하는 곳에 도착할 수가 없어요.

공부도 마찬가지입니다. 배우는 게 지루하다고 중간에 그만두면 무엇 하나도 제대로 알 수가 없게 됩니다.

니체는 '고통은 나를 더 강하게 만든다.'고 말했어요. 힘들고 지루하더라도 그것을 견뎌내야만 더 큰 힘을 얻을 수 있다는 뜻이죠.

오늘 잘못한 일이 있어 후회되고 괴롭다면, 내일은 잘못을 반복하지 않으면 돼요. 그렇게 우리는 하루하루 더 멋진 사람이 될 수 있답니다.

"끝에 무엇이 있는지 알고 싶다면,
지루해도 중간에 포기하면 안 됩니다.
지금은 조금 지루해도
견디고 계속 하면
원하는 곳에 도착할 수 있습니다."

왜 실패했는지
자꾸 생각해 보세요

경험이 많다고 모두
현명한 사람이 되지는 않습니다.
현명한 사람은
경험에 대처하는 태도에 의해서
만들어집니다.

_르네 데카르트(Rene Descartes)

데카르트는 프랑스의 철학자이자 수학자, 과학자예요. 근대 철학의 아버지라고도 불려요.

여러분은 구겨진 종이를 보면 어떤 생각이 드나요? 쓸모 없는 것, 혹은 버려야 할 쓰레기라는 생각이 들죠. 실패도 마찬가지입니다. 나를 괴롭히는 것, 구겨진 종이처럼 쓸모 없는 것이라고 생각하기 쉬워요.

그런데 우리 머릿속의 쓸모 있는 종이, 그러니까 하얗고 반듯한 종이를 힘껏 던져 보자고요. 공중에서 몇 번 펄럭이다가 발 앞에 떨어질 가능성이 높죠. 하지만 구깃구깃 구겨진 종이를 힘껏 던지면 어떤가요? 저 멀리까지 날아갑니다.

쓸모 없는 것이라고 생각했던 구겨진 종이에게서 새로운 능력을 발견한 것처럼, 우리는 실패에서도 가치를 찾아낼 수 있어요. 실패했다고 포기하지 말고, 왜 실패했는지 곰곰이 생각해본다면 성공 이상의 빛나는 가치를 얻게 될 거예요.

기억하고 싶지 않은 실패조차 쓸모 있는 경험으로 만드는 사람이 진정 현명한 사람입니다.

"목표를 향해 나아가다보면
실패를 거듭하게 됩니다.
실패한 경험에 내 생각을 더하면
목표를 이룰 가능성을 점점 높일 수 있습니다."

반복하면 익숙해지고, 익숙해지면 즐길 수 있어요

값진 결과를 얻으려면,
한 걸음 한 걸음에
충실해야 합니다.

_단테 알리기에리(Dante Alighieri)

단테는 이탈리아의 시인이자 소설가예요. 지옥과 천국의 모습을 그린 《신곡》의 작가로 유명하지요.

세상에 처음부터 잘할 수 있는 일은 없어요. 뭐든 처음에는 익숙하지 않아서 실수하고 어렵죠. 그래서 우리에게는 '연습'이 필요합니다.

　자전거를 처음 탈 때 어땠나요? 마음은 정말 잘 타고 싶었는데, 익숙하지 않아서 자꾸 넘어졌죠. 가끔은 다리에 상처가 생겨 고통스럽기도 했을 거예요. 하지만 연습을 해서 익숙해지고 난 다음에는 친구들과 경주도 하고, 부모님과 함께 강변을 달리기도 하면서 즐거움을 느꼈을 겁니다.

　이렇게 무언가를 즐겁게 해내는 단계에 도달하려면 고통스러운 과정을 거쳐야 해요. 위대한 작가인 단테도 이 점을 잘 알고 있었기에 "값진 결과를 얻으려면 한 걸음 한 걸음에 충실해야 한다."고 말했어요.

　넘어지며 실패한 힘든 순간을 보내야 비로소 멋지게 페달을 구르며 자전거를 타는 즐거운 시간을 만날 수 있습니다. 힘든 일이 생길 때마다 오히려 고통을 웃으며 맞이하세요. 즐거운 일이 찾아오고 있다는 기쁜 소식과도 같으니까요.

"반복하면 익숙해지고,
익숙해지면 즐길 수 있습니다.
세상에 처음부터 즐거운 일은 없어요.
한 걸음 한 걸음 나아가며
실력을 길러야 비로소
즐길 수 있는 날이 오죠."

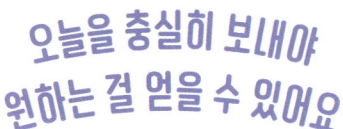

오늘을 충실히 보내야 원하는 걸 얻을 수 있어요

'바쁘다'는 사실 자체는
별로 중요하지 않습니다.
정말 중요한 문제는
'어떤 일로 바쁘냐'입니다.

_헨리 데이비드 소로(Henry David Thoreau)

소로는 미국의 철학자이자 시인, 수필가예요. 자연을 사랑한 철학자로 잘 알려져 있어요.

맛있는 음식을 뚝딱 만들어내는 요리사를 보면 '저 사람은 어떻게 요리를 잘하게 된 걸까?' 궁금해집니다. 그런데 유명한 요리사들은 이렇게 답해요.

"제 목표는 최고의 요리사가 아니었습니다. 초보 시절 저의 목표는 설거지를 가장 잘하는 사람이었죠."

대부분의 요리사들은 식당에서 설거지부터 하며 일을 배웁니다. 성공한 요리사들은 오늘 주어진 일을 열심히 하며 차근차근 미래를 준비한 거죠.

선생님도 마찬가지였어요. 선생님의 목표는 베스트셀러 작가가 아니었어요. '매일 글을 쓰는 사람이 되자.' 목표는 오직 이것 하나였습니다. 그렇게 오늘 주어진 일을 열심히 하다 보니 어느새 좋은 글을 쓰는 작가가 될 수 있었습니다.

혹시 '세계에서 제일 좋은 대학교에 갈 거야.', '100만 구독자를 가진 유튜버가 될 거야.' 같이 너무 먼 곳에 있는 꿈을 좇고 있진 않나요? 입과 눈, 그리고 삶은 언제나 오늘을 바라봐야 합니다. 그래야 목표에서 벗어나지 않을 수 있습니다.

"모두가 열심히 하지만
모두가 원하는 걸 얻지는 못합니다.
중요한 건 그냥 열심히 하는 게 아닙니다.
무엇을 위해 열심히 하는지 알고,
오늘 내가 할 일을 하는 거예요."

3장

"자랑하는 말은 친구들을 떠나게 만듭니다.
감사하는 말은 친구들이 내 곁에 머물게 합니다.
나는 자랑보다는 감사를 더 많이 하는
매력적인 사람입니다."

관계

나는 나의 색으로
빛나는 사람입니다

좋은 마음을 예쁜 말로 표현하세요

좋은 마음을 갖고 있는
것만으로는 부족합니다.
그보다 중요한 건,
내 좋은 마음을
예쁘게 표현하는 거죠.

_르네 데카르트(Rene Descartes)

데카르트는 프랑스의 철학자이자 수학자, 과학자예요. 근대 철학의 아버지라고도 불려요.

부모님께서 나를 사랑하고 아끼는 사실을 모르는 사람은 없습니다. 그래서 늘 고마운 마음을 갖고 있지만, 때론 마음과는 다르게 퉁명스러운 말투가 튀어나오곤 해요. 그럴 때 부모님의 마음은 어떨까요? 많이 슬프실 거예요. 내가 부모님께 예쁜 말을 듣고 싶은 것처럼, 부모님도 내게 예쁜 말을 듣고 싶어하실 테니까요.

　다정하고 예쁜 말은 정말 중요합니다. 그래야 나의 좋은 마음을 제대로 전할 수 있거든요. 따뜻한 말, 예쁜 말, 그리고 다정한 말은 아무리 해도 지겹지 않아요. 게다가 하면 할수록 기분까지 좋아지죠.

　좋은 마음을 자주 표현하세요. 그러면 여러분의 기분까지 좋아질 거예요. 예쁜 말을 들은 그 사람은 다시 여러분께 예쁜 말을 돌려줄 테니까요.

"부모님께 내가 먼저 예쁜 말을 하면,
그 예쁜 말이 다시 내게 돌아옵니다.
좋은 건 먼저 하는 게 아름다워요.
서로를 빛내는 일이니까요."

지혜로운 사람은 왜 싸우지 않을까요?

수준 낮은 싸움에는
진짜 용기가
필요하지 않습니다.

_윌리엄 셰익스피어(William Shakespeare)

셰익스피어는 영국의 시인이자 극작가예요. 《로미오와 줄리엣》, 《햄릿》 등 지금도 널리 읽히는 훌륭한 작품을 썼어요.

친구들과 지내다 보면 싸움에 휘말리기도 해요. 그럴 때 여러분은 어떤 선택을 하나요? 싸우자니 두렵고, 싸우지 않고 물러서자니 괜히 비겁한 사람처럼 보일까 봐 걱정이 되죠.

하지만 싸우지 않고 물러서는 쪽이 더 지혜롭습니다. 철학자 세네카는 셰익스피어의 의견에 동의하며 말했어요.

"나와 대등한 사람과 싸우면 상황이 너무 치열해지니 위험에 처할 수 있습니다. 나보다 잘난 사람과 싸우면 질 수밖에 없으니 지혜로운 선택이 아니죠. 나보다 못난 사람과 싸우면 이겨도 비겁하다고 비난만 받을 것입니다."

결국 어떤 싸움에서든 이득을 얻기는 어려우니, 싸우지 않는 것이 현명하다 할 수 있겠습니다.

하지만 우리가 살다 보면 적극적으로 맞서 싸워야 할 때도 있어요. 힘이 약한 친구가 괴롭힘을 당하거나 도덕과 정의에 어긋나는 상황을 목격했을 때처럼 '수준 높은' 싸움 앞에 섰을 때입니다. 그럴 땐 셰익스피어의 말처럼 용기를 내서 저항해야 합니다.

"용기가 필요한 수준 높은 싸움에는
적극적으로 나서서 저항해야 하지만,
수준 낮은 싸움 앞에서는
돌아서는 게 지혜롭습니다."

자기 주장만 하는 친구와 다투었나요?

친하게 지내는 사람을 보면
그 사람의 됨됨이를 알 수 있습니다.
여러분의 친구는
제2의 자신입니다.

_아리스토텔레스(Aristoteles)

아리스토텔레스는 고대 그리스의 철학자예요. 물리학, 시, 생물학, 동물학, 정치학, 윤리학 등 다양한 분야를 연구하고 책을 썼어요.

다른 사람의 말에 귀 기울이지 않고 자기 주장만 하는 친구와 자꾸만 부딪히나요? 그렇다면 아리스토텔레스의 이 말을 기억했으면 해요. '내 친구는 제2의 나다.' 나도 친구와 같은 성향을 갖고 있다는 뜻이죠.

　물론 자기 주장은 반드시 필요합니다. 어떤 일에 대해 분명한 의견이 있다는 증거이니까요. 하지만 내 주장만 맞다고 고집하는 태도, 상대방의 이야기는 무시하고 듣지 않으려는 자세는 옳지 않아요. 싸움과 충돌만 일으킬 뿐이죠. 그러면 아무리 좋은 주장도 받아들여지기 어려워요.

　오늘부터 세 가지를 기억하며 스스로 변화하려고 노력해 봐요.

1. 친구의 말을 기다리지 못하고 내 말만 하면 안 됩니다.
2. 상대를 이기려 들수록 싸움은 더욱 커집니다.
3. 흥분하고 목소리를 높이게 된다면 잠시 말을 멈추는 것이 좋습니다.

"친구와 다투는 이유 중에는
나의 주장이 너무 강한 탓도 있습니다.
나는 상대만 비난하지 않고
친구의 말을 끝까지 듣겠습니다."

자기 일에 집중하는 사람은 남의 흉을 볼 틈이 없습니다

진실이 신발을 신는
짧은 시간 동안
거짓은 세상을 무려
반 바퀴나 돌 수 있습니다.

_마크 트웨인(Mark Twain)

트웨인은 미국의 작가예요. 대표적인 작품은 개구쟁이 소년을 주인공으로 한 동화 《톰 소여의 모험》 이지요.

"너 혹시 그 얘기 들었어?"

"세상에 걔가 그런 애였다고?"

남에 대해 나쁘게 말하거나, 있지도 않은 일을 꾸며서 소문을 내는 사람을 만난 적 있나요?

이런 사람과 대화하다 보면 신경이 많이 쓰입니다. 다른 곳에서 나에 대해 나쁘게 말하는 건 아닐까, 하는 생각이 드니까요.

하지만 크게 신경 쓰지 않아도 돼요. 남에 대해 이야기를 많이 하는 이유는, 슬프게도 나에 대해 이야기할 게 없기 때문이거든요. 내 일에 집중하며 바쁘게 사는 사람들은, 다른 사람 이야기를 할 시간이 없습니다.

게다가 마크 트웨인이 말한 것처럼 원래 진실은 느리게, 거짓은 빠르게 퍼지는 법입니다. 여러분이 진짜 나쁜 사람이라서 소문이 퍼지는 게 아니에요. 그러니 잘못된 정보가 있다면 그것만 바로잡고 여러분은 어제처럼 자신의 일을 묵묵히 하면 됩니다.

"자신의 일로 바쁜 사람들에게는
나쁜 이야기를 할 시간이 없습니다.
나를 아끼지 않는 사람들의 나쁜 이야기는
조금도 신경 쓸 필요가 없습니다."

덜 말하고 더 들으면
친구의 좋은 점이 보입니다

우리에게 한 개의 혀와
두 개의 귀가 있는 이유는,
적게 말하고
두 배로 많이 들으라는 뜻입니다.

_에픽테토스(Epictetos)

에픽테토스는 고대 그리스의 대표적인 철학자예요.

"쟤는 그냥 싫어!"

맞아요, 그냥 이유 없이 미운 사람도 있을 수 있습니다. 하지만 그러면 나만 손해예요. 나에게 잘못한 것도 없는 친구 한 명을 잃게 되는 거니까요.

성격이 급한 친구에게 "서두르지 좀 마!"라고 말하면 다투게 되지만, 시각을 바꿔서 "너는 정말 행동이 빠르구나!"라고 말하면 좋은 관계가 될 수 있을 겁니다.

세상 모든 사람에게는 각각 장점이 있고 배울 점이 있죠. 친구의 단점을 배울 점으로 바꿔 생각할 줄 안다면, 우리는 더 많은 사람으로부터 다양한 것을 배울 수 있을 거예요.

에픽티토스의 조언을 기억하세요. 생각한 것을 바로 말하기보다, 잘 듣고 관찰한 다음 신중하게 말하면 친구의 좋은 점을 더 많이 발견할 수 있을 테니까요.

"좋은 것은 세상에 널려 있습니다.
좋은 것을 발견할 좋은 눈이 없는 거죠.
착하고 아름다운 것은
그것을 발견할 수 있는 눈을 갖춘 사람만이
찾을 수 있습니다."

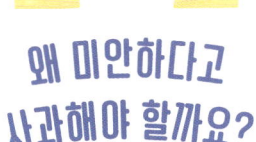

왜 미안하다고 사과해야 할까요?

'미안해'라는 말은
좋은 향을 풍기는 향수와 같습니다.
피하고 싶은 어색한 순간을
단번에 우아하게 물들이니까요.

_마거릿 리 런벡(Margaret Lee Runbeck)

런벡은 미국의 소설가이자 인문학자예요.

실수나 잘못을 했을 때 바로 미안하다고 사과하는 것은 꽤 어려운 일입니다. 부끄럽기도 하고, 자존심이 상하기도 하거든요. 스스로 나의 잘못을 알고, 그것을 다른 사람 앞에서 인정하는 용기와 자신감이 있어야만 할 수 있는 게 바로 '사과'지요.

　여러분만 사과하는 것이 어려운 게 아니에요. 어른들 중에도 잘못을 인정하고 제때 사과하지 못하는 사람이 참 많답니다. 그래서 '제대로 사과하는 사람에게는 우아한 향기가 난다.'고 마거릿 리 런벡이 말했죠.

　이제는 미안할 일이 생겼을 때 망설이지 말고, 바로 말로 표현하기로 해요. 미안한 마음을 말할 수 있는 용기를 가진다는 건, 멋진 사람으로 성장하고 있다는 선명한 증거입니다.

"잘못을 바로 사과하는 사람은
자존감이 높고 용기 있는 사람입니다.
나를 믿고 사랑하는 사람은
사과도 잘할 수 있어요."

진심을 담아 인사를 하면 기적이 일어나요

바른 예절은
어떤 최고의 교육으로도
열 수 없는 문을
열어줍니다.

_클래런스 토머스(Clarence Thomas)

토머스는 미국 역사상 두 번째 아프리카계 미국인 대법관이에요.

사랑받는 사람들을 살펴보면 공통점이 하나 있어요. 바로 인사를 잘한다는 것입니다. 어떤 상황에서, 누굴 만나든 밝은 표정으로 인사를 건네죠.

　여러분은 인사를 잘하나요? 귀찮아서, 수줍어서, 혹은 적당한 타이밍을 놓쳐서 인사를 하지 않는 경우가 많을 거예요. 앞으로는 인사하기를 망설이지 마세요. 인사는 상대에게 고개를 숙이는 행동이 아니라, 상대방에 대한 나의 좋은 마음을 전달하는 행동이거든요.

　세상에서 가장 열기 힘든 문이 뭘까요? 바로 '마음의 문'입니다. 하지만 마음을 담은 인사는 상대방의 마음이 쉽게 열리게 해요. '바른 예절은 어떤 문도 열 수 있는 강력한 힘을 갖고 있다.'는 말은 이 뜻입니다.

　주저하지 말고 먼저 미소를 지으며 인사해 보세요. 친구들의 마음이 활짝 열릴 거예요.

"예절 바른 사람이 되고 싶은데
방법을 잘 모르겠다고요?
인사로 시작해 보세요.
'안녕?', '고마워.', '내일 만나.'처럼
쉬운 인사 한 마디가
여러분의 하루에 작은 기적을 가져다 줄 거예요."

친구의 장점을 찾다 보면 나도 행복해집니다

함께 지내는 사람들의
장점을 떠올리면서 살면
어떤 상황에서도
즐거운 마음을 유지할 수 있습니다.

_마르쿠스 아우렐리우스(Marcus Aurelius Antoninus)

아우렐리우스는 로마 제국의 16대 황제이자 철학자예요.

"넌 대체 잘하는 게 뭐냐?" 누군가에게 이런 말을 들으면 아무리 친한 사이라도 기분이 확 상하고 맙니다. 얼굴을 다시 보고 싶지 않은 마음도 생기죠.

선생님은 여러분이 상대의 나쁜 점보다 좋은 점을 먼저 발견하는 사람이 되었으면 좋겠어요. 다른 사람의 장점을 찾다 보면 저절로 좋은 생각만 하게 되니, 내 기분도 함께 좋아지거든요.

친구의 좋은 점을 찾고 싶다면 이렇게 질문해 보세요.

1. 나에게는 없지만 ○○이는 가진 좋은 점이 뭘까?
2. 내가 ○○이와 친구가 되고 싶다는 생각을 한 이유가 뭐였지?
3. ○○이를 새 친구에게 소개한다면, 뭐라고 말할까?

"보물찾기를 하는 것처럼
친구의 장점을 찾는 동안,
마치 보석을 찾은 것처럼
내 기분까지 좋아집니다."

친구가 나를 오해한다면
당당히 맞서세요

모두에게 사랑받을 수는 없습니다.
남의 인정을 받기 위해 무리하지 않고
차분한 자세로 주어진 할 일을 다하는 것이
우리가 할 수 있는 최선입니다.

_프리드리히 빌헬름 니체(Friedrich Wilhelm Nietzsche)

니체는 독일의 철학자이자 작가예요. '신은 죽었다'라는 말을 남긴 철학자로 유명하지요.

"네가 먼저 오해 받을 행동을 했잖아!"라는 말을 들으면 자연스럽게 나의 행동을 돌아보게 됩니다. '내가 뭘 잘못했지?' 하면서요.

하지만 아무리 생각해도 잘못한 것이 없는 경우가 꽤 많아요. 이유가 있습니다. 오해는 받는 게 아니라 '당하는 것'이기 때문입니다. 내가 상대에게 오해해달라고 한 것도 아니고, 오해를 받겠다는 의도를 가지고 말이나 행동을 한 것도 아니잖아요.

오해는 나의 생각과는 상관없습니다. 그저 상대방이 나의 말이나 행동을 보고 제멋대로 잘못 이해하는 것이죠. 그러니 "네가 오해 받을 행동을 했잖아!"라는 말을 들으면 "오해는 네가 하고 있잖아. 나는 오해하라고 한 적이 없는데."라고 대꾸해도 좋습니다.

니체가 말한 것처럼, 모든 사람으로부터 사랑을 받을 수는 없습니다. 그러니 잘못된 판단에는 당당하게 맞서세요.

"나는 '네가 먼저 오해 받을 만한 행동을 했어!'라는
말에 당황하지 않습니다.
오해는 상대방이 하는 것입니다.
그래서 '오해는 네가 하고 있잖아.'라고
당당하게 받아칠 수 있습니다.
모든 사람이 날 좋아할 수는 없죠.
나는 그저 나 자신에게 진실하면 됩니다."

상대의 진심을 알면
미운 마음이 사라집니다

우리가 누군가를 미워하는 이유는
그 사람에 대해 잘 모르기 때문입니다.
미워하는 마음으로 인해서
우리는 그 사람에 대해 잘못된 생각을 가지거나
더욱 알지 못하게 됩니다.

_찰스 칼렙 콜튼(Charles Caleb Colton)

콜튼은 영국의 성직자이자 작가, 수집가입니다.

"지금 일어나지 않으면 지각이야! 그러게 밤에 일찍 자라고 했잖아!"

혹시 오늘 아침에도 들었던 말인가요? 15분 더 자고 아침밥은 건너뛰었으면 하는 마음도 들겠지만 어림없어요. 부모님께서는 "꼭 먹어야 해."라고 강조하시니까요.

먹기 싫다는 여러분의 외침과 먹어야 한다는 부모님의 외침이 반복되다 보면 부모님을 향한 미움과 원망이 생겨납니다. 그러다 이런 말이 툭 튀어나오기도 해요. "엄마 때문에 늦었잖아요!", "아빠! 난 밥 안 먹어도 된다고요!"

한 번 싹튼 미움은 점점 커져요. 콜튼의 말처럼 증오는 더 큰 증오를 부르기 때문입니다.

미움의 싹을 틔우지 않기 위해서는 어떻게 해야 할까요? 상대의 마음을 이해하려고 노력해야죠. 가끔은 부모님의 입장에서 생각해 보세요. 출근 준비를 하느라 바쁜 중에, 비록 나는 아침밥을 거를지라도 아이가 건강하게 자라길 바라는 마음으로 아침을 준비하는 것도 결코 쉬운 일은 아니랍니다.

"사람들의 생각은 모두 다릅니다.
그래서 다툼이 일어나고
서로 미워하는 일이 생기죠.
그럴 땐 나쁜 마음은 잠시 미뤄두고
상대방의 입장에서 생각해 보세요.
마음속의 미움이 조금씩 사라질 거예요."

앞에서 하는 말과 뒤에서 하는 말이 같은 사람

지혜로운 사람은
경솔하게 말하지 않습니다.
말과 행동이 일치하지 않으면
양심의 가책을 느끼기 때문입니다.

_공자(孔子)

공자는 고대 중국의 학자이자 정치인, 사상가, 교육자입니다. 우리나라에도 많은 영향을 미친 유교를 체계적으로 정리한 사람이기도 하지요.

선생님이 얼마 전에 겪은 일이에요. 식당에서 밥을 먹는데 사장님과 직원이 조금 전에 나간 손님의 흉을 보고 있었습니다.

"방금 그 사람 봤어? 정말 웃기게 생겼지? 음식도 지저분하게 먹더라."

그런데 새 손님이 들어오자 사장님은 빠르게 표정을 바꾸며 "어서 오세요!"라고 인사를 했어요.

여러분이 이 모습을 봤다면 기분이 어떻겠어요? 아무리 음식이 맛있어도 다시 그 식당에 가고 싶은 마음이 없어지지 않을까요?

공자의 말처럼 지혜로운 사람은 경솔하게 말하지 않습니다. 내 앞에 상대방이 있건 없건 똑같이 말하죠. 물론 누가 나를 지켜보지 않아도 늘 바르게 말하고 행동하는 것은 참 어려운 일이에요. 그러나 아무나 할 수 없어서 오히려 더 가치 있는 일입니다.

"나는 누가 보든 보지 않든,
늘 좋은 마음을 담은 말만 하겠습니다.
앞에서 하는 말과
뒤에서 하는 말이 같은
믿음직한 사람이 되겠습니다."

과시하지 않는 사람이 빛나는 이유

지금 가진 것에

만족하지 못하는 사람은

갖고 싶은 것을

모두 가지게 되더라도

결코 만족하지 못할 것입니다.

_소크라테스(Socrates)

소크라테스는 고대 그리스의 철학자예요. '너 자신을 알라'라는 말을 남긴 사람으로 잘 알려져 있어요.

내가 가진 것을 자랑하거나, 내가 과거에 한 일을 뽐내는 모습을 보고 우리는 '과시한다'고 합니다. 친구가 많은 것을 과시할 수도 있고, 스마트폰이나 게임기처럼 귀한 물건을 가진 것을 과시할 수도 있어요.

　그런데 누군가 과시하는 모습을 보면 썩 기분이 좋지 않아요. "그래, 너 참 잘났다!"라고 한 마디 쏘아주고 싶은 마음도 들죠. 동시에 '혹시 나도 저렇게 과시한 적은 없었나?' 반성하는 마음도 들어요.

　선생님은 여러분이 가진 것을 과시하기보다, 가진 것에 감사하는 어린이가 되었으면 좋겠어요.

　"아직 3월인데 벌써 새 친구를 스무 명이나 사귀었어! 난 역시 인기쟁이야!"라고 자랑하기보다, "새 친구가 여러 명 생겨서 너무 기뻐."라고 겸손하게 감사의 말을 할 줄 아는 사람이 훨씬 매력적입니다.

"자랑하는 말은
친구들을 떠나게 만듭니다.
감사하는 말은
친구들이 내 곁에 머물게 합니다.
나는 자랑보다는 감사를 더 많이 하는
매력적인 사람입니다."

4장

"책에는 지혜로운 사람들의 생각이 담겨 있어요.
책에는 어른들도 잘 모르는
어려운 문제의 답도 담겨 있죠.
나는 힘들 때나 풀리지 않는 문제를 만나면
독서를 하며 답을 찾겠습니다."

공부

배우고 깨닫는 삶은 아름다워요

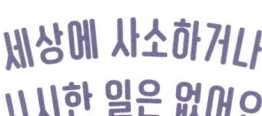

세상에 사소하거나
시시한 일은 없어요

먼저 자신의 가치를 발견하세요.
자신의 가치를 모르는 사람은
스스로를 함부로 대하게 됩니다.

_장자(莊子)

장자는 고대 중국의 사상가이자 철학자예요.

"이 일은 너무 하찮아, 나도 큰 일을 하고 싶은데!"

누구나 멋지고 대단한 일을 하고 싶어 합니다. 하지만 처음부터 돋보이는 일을 맡는 사람은 없죠. 작은 일을 잘 해냈을 때 큰일을 할 수 있는 기회가 생기는 거예요.

세상에 사소하고 시시한 일은 없습니다. 아무리 작고 쉬운 일이라도 꼭 필요하거든요.

"이번 일은 내가 멋지게 해낼 거야!"라고 생각하면, 내가 하는 일에서 빛나는 가치를 발견할 수 있어요.

내가 맡은 일이 나에게 얼마나 가치 있는 일인지 알고 싶다면 세 가지 질문을 던져 보세요. 모두 '네'라고 답한다면 남들이 뭐라고 하든 나에게 충분히 가치 있고 빛나는 일이랍니다.

1. 이 일은 내가 좋아하고, 잘하는 일인가요?
2. 이 일을 통해 배울 점이 있나요?
3. 이 일을 생각하면 가슴이 뛰나요?

"내게는 시시한 일이 없습니다.

어떤 일이든 멋지게

잘 해보자는 생각을 가지면

어떤 일이든 나의 의지로,

세상에서 가장 멋지게 만들 수 있습니다."

지혜로운 사람은 늘 '왜?'라고 질문해요

인생의 목적과
그것을 성취하는 방법을
깨닫는 것이
바로 지혜입니다.

_레프 톨스토이(Lev Tolstoy)

톨스토이는 러시아의 작가예요. 대표적인 작품은 《전쟁과 평화》, 《안나 카레니나》입니다.

여러분은 독서를 좋아하나요? 선생님은 여러분 나이에 책을 읽기 싫어서 도망 다닐 정도로 독서를 싫어했어요. 그런데 오래된 책상과 딱딱한 의자를 선물받으면서 책 읽기에 흥미를 붙이기 시작했답니다. 그게 무슨 말이냐고요?

어린 시절 선생님의 집에는 오래된 작은 책상이 있었어요. 딸린 의자는 너무 딱딱해서 앉으면 엉덩이가 아팠죠. 그런데 부모님께서 이 책상을 저에게 주신 거예요. 선생님은 여기에서 뭘 할까 고민하다가 동화책을 가져와 읽기 시작했어요. 그런데 기분이 참 묘했어요. 딱딱한 의자에 앉으니 자연스럽게 허리를 곧게 펴게 되었고, 아담한 크기의 책상에 앉으니 집중이 잘 되어서 책에 몰입할 수 있었거든요.

그때야 선생님은 부모님의 깊은 뜻을 깨달았어요. 부모님은 자연스럽게 책과 친해지도록 이런 특별한 방법을 생각해 내신 거죠. 이것이 바로 톨스토이가 말한 '목적과 그것을 성취하는 방법을 아는 지혜'랍니다.

"나는 어떤 일을 시작하기 전에
그것을 왜 해야 하는지,
어떻게 해야 하는지를
먼저 생각한 후에 행동합니다."

나는 언제든 틀릴 수 있습니다

자만심을 버려야 합니다.
이미 알고 있다고 생각하는 사람은
무언가를 새롭게 배우는 것이
불가능합니다.

_에픽테토스(Epictetos)

에픽테토스는 고대 그리스의 대표적인 철학자예요.

"그럴 리가 없어! 너 제대로 확인한 거 맞아?"

틀렸다는 게 밝혀졌는데도 끝까지 자기가 맞다고 우기는 친구가 있나요? 그런 친구를 보면 어떤 생각이 드나요? '어휴, 내가 다시 너랑 친하게 지내나 봐라!' 하면서 조금씩 멀어지게 되지 않을까요?

다른 사람의 의견을 받아들이지 않고, 늘 자기만 맞다고 우기는 친구와는 친하게 지내기가 어렵습니다. 에픽테토스는 이렇게 '자신의 잘못을 인정하지 않는 마음'을 '자만심'이라고 말합니다.

자신이 아는 게 전부이며 단 하나의 정답이라고 생각하는 자만심 가득한 사람은 새로운 것을 배울 수가 없어요. 그래서 발전하지 못하고 늘 그 자리에 머물게 되죠.

우리는 늘 '나도 틀릴 수 있다.'라는 생각을 갖고 있어야 합니다. 어른들도 마찬가지입니다. 엄마 아빠도 때로는 틀릴 수 있죠. 중요한 건 틀리지 않는 게 아니라, 틀릴 수 있다는 사실을 인정하는 것입니다.

"내가 틀릴 수 있다고 생각하는 사람은
보다 쉽게 새로운 것을 배울 수 있습니다.
나는 '안다'고 쉽게 말하지 않습니다."

모르는 게 많다는 건
배울 기회도 많다는 거예요

인간의 가치는
현재 가진 것의 합이 아니라,
아직 갖지 않았지만
앞으로 가질 수 있는 것의
합으로 결정됩니다.

_장 폴 사르트르(Jean-Paul Sartre)

사르트르는 프랑스의 철학자이자 소설가, 극작가예요.

선생님은 음악에 관심이 많아서 주변 사람들에게 다양한 곡을 추천하곤 해요. 그런데 저에게 "좋은 음악 한 곡 추천해 주세요."라고 말하는 분들은 조금 부끄럽다는 표정을 지으며 꼭 이런 말을 덧붙이십니다.

　　"제가 아는 음악이 별로 없어서요."

　　그러면 선생님은 바로 표현을 바꿔서 이렇게 얘기하죠.

　　"모르는 음악이 많다는 것은 정말 행복한 일입니다. 앞으로 좋은 음악을 들을 일만 남은 거니까요!"

　　실제로 모른다는 것은 행복한 일입니다. 모르는 게 많다는 것은 앞으로 다른 사람보다 깨닫는 기쁨을 자주 맛볼 수 있다는 뜻이기도 하거든요.

　　그래서 선생님은 "나는 모른다."라는 말을 참 좋아해요. 세상에 이처럼 아름답고 감동적인 말이 또 있을까요?

"나는 '모른다'는 말이 좋습니다.
앞으로 하나씩 알아가며
기쁨을 누릴 날만 남았다는 뜻이기도 하니까요.
모른다는 말을 즐기면,
하루가 더 즐거워집니다."

책을 느리게 읽을수록 얻는 것이 많아집니다

닫혀 있기만 한 책은
네모난 종이 뭉치에 불과합니다.

_토마스 풀러(Thomas Fuller)

풀러는 영국의 학자이자 설교자입니다. 재치 있는 글을 많이 쓴 작가로도 잘 알려져 있죠.

우리는 책을 빨리, 많이 읽는 것을 좋아해요. 그런데 선생님은 여러분이 '질문을 품고 책을 읽을 줄 아는 사람'이 되길 바랍니다. 오늘부터는 책을 펼 때 이런 생각을 가져 보세요.

'이 책에서 인상 깊은 문장 하나를 꼭 찾을 거야.'

그리고 내 눈을 멈추게 만든 문장을 만나면, 몇 가지 질문을 하며 좀 더 깊은 생각을 해 보는 거예요.

1. 이 문장이 마음에 든 이유가 무엇일까?
2. 이 문장을 통해 배운 것을 어떻게 활용할 수 있을까?

풀러는 '제대로 읽지 않은 책은 종이 뭉치에 불과하다.'고 말했어요. 그러면서 책을 잘 읽는 방법은 책을 통해 배운 내용을 실천까지 하는 것이라고 강조했습니다.

선생님의 생각도 같아요. 책은 단순히 결말이 궁금해서 읽는 게 아니라, 내 눈길을 사로잡은 문장을 찾아서, 더 깊은 생각을 하기 위해 읽는 것입니다.

"나는 빠르게 읽기보다

천천히 질문하며 읽기를 하겠습니다.

내 눈을 사로잡은 부분에 멈춰

여러 번 질문하며

책에서 지혜로운 답을 찾겠습니다."

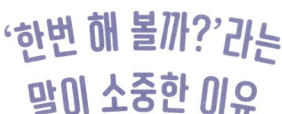

'한번 해 볼까?'라는 말이 소중한 이유

두려움에 대처하는 유일한 방법은
정면으로 맞서는 것입니다.
인생의 목표가 가치 있는 것일 때,
비로소 그 인생이 가치를 지니게 됩니다.

_게오르크 빌헬름 프리드리히 헤겔(Georg Wilhelm Friedrich Hegel)

헤겔은 프로이센(지금의 독일)의 철학자예요.

"내가 할 수 있을까?"

자전거를 처음 탈 때, 수영을 처음 배울 때 여러분은 어떤 생각을 했나요? '어려워서 할 수 없을 거야.'라고 생각했나요, 아니면 '낯설지만 한번 해 볼까?'라고 생각했나요?

누구나 처음 도전하는 일은 두렵고 피하고 싶은 마음이 들죠. 하지만 그래서 포기한다면, 우리는 영원히 새로운 것을 배우지 못할 거예요.

마음속에 '할 수 없다.'는 생각이 가득하면 한 번만 실패해도 '역시 난 안 돼.' 하고 좌절하고 말아요. 하지만 불가능한 일이 아니라 단지 낯선 것이라고 생각하는 사람은 좀 더 가벼운 마음으로 새로운 일에 도전할 수 있어요. 생각처럼 잘 되지 않아도 '처음엔 누구나 그렇지!'라며 다시 도전하죠.

헤겔의 조언처럼, 우리는 두려움에 정면으로 나서야 합니다. 그럴 때 나의 가능성은 무한히 넓어질 거예요.

"그건 너무 어려워서 못해.
이런 말은 가능성을 제한합니다.
하지만 낯선 일이라고 생각하면
도전할 용기를 낼 수 있어요.
나는 내게 희망을 주는
가능성의 언어를 사용합니다."

친절은 그 어떤 지식보다 위대합니다

지혜로운 사람은 모두에게
친절한 마음으로 다가갑니다.
친절한 마음은 자신에게도
따스한 체온이 되기 때문입니다.

_블레즈 파스칼(Blaise Pascal)

파스칼은 프랑스의 철학자예요. 수학, 물리학, 심리학도 연구했지요. 계산기를 발명한 사람으로도 잘 알려져 있어요.

지식을 익히기는 어렵지 않습니다. 아무리 어려운 것이라도, 시간을 투자해서 차근차근 배우면 결국 얻을 수 있죠. 하지만 그렇게 배울 수 없는 지식이 하나 있어요. 아무리 시간을 많이 투자해도 얻기 힘들죠. 그건 바로 '친절'입니다.

친절은 두 가지 질문에 대한 나만의 답을 찾은 후에야 비로소 진심으로 실천할 수 있습니다.

1. 왜 다른 사람을 친절하게 대해야 할까?
2. 나의 친절한 행동은 어떤 변화를 일으킬까?

이 질문들에 대한 답을 찾는 것은 무척 어려워요. 정해진 답이 없는데다, 다른 사람을 진심으로 이해하고 사랑하는 마음을 가지고 있어야만 답할 수 있거든요.

파스칼의 말처럼 친절은 자기 자신에게 좋은 일입니다. 긍정적인 마음을 품고 있으면 바깥의 날씨가 아무리 추워도 따뜻한 체온을 유지할 수 있죠.

"친절한 사람을 만나기 힘든 이유는,
친절은 아무에게나 기대할 수 있을 정도로
실천하기 쉬운 덕목이 아니기 때문입니다.
나는 배운 것을 실천하며
친절함이라는 덕목을 나의 것으로 만들겠습니다."

책을 읽으면 지혜로운 사람들과 대화할 수 있습니다

좋은 책을 읽는 건
과거 몇 세기의
가장 지혜로운 사람들과
이야기를 나누는 것과 같습니다.

_르네 데카르트(Rene Descartes)

데카르트는 프랑스의 철학자이자 수학자, 과학자예요. 근대 철학의 아버지라고도 불려요.

종종 선생님이 쓴 책을 읽은 어린이 독자들로부터 이메일을 받아요. 그중 특별히 기억나는 내용이 있었어요.

　"작가님의 책이 저에게 큰 힘이 되었습니다. 저는 부모님이 계시지 않아서 혼자 해결할 수 없는 문제가 생겼을 때 막막한 마음이 들곤 했는데, 책을 통해 어려움을 헤쳐나갈 수 있는 힘을 얻었어요. 앞으로 힘들 때마다 작가님의 글을 기억하겠습니다."

　정말 감동적인 내용이었어요. 선생님은 여러분과 비슷한 나이의 친구가 보낸 그 메일을 읽으며 우리가 책을 읽어야 하는 이유에 대해 다시 한 번 생각할 수 있었죠.

　철학자 데카르트는 '독서는 가장 지혜로운 사람들과 나누는 대화'라고 말했습니다. 맞아요. 우리는 책을 통해 문제를 지혜롭게 해결할 수 있는 열쇠를 얻을 수 있답니다.

"책에는 지혜로운 사람들의
생각이 담겨 있어요.
책에는 어른들도 잘 모르는
어려운 문제의 답도 담겨 있죠.
나는 힘들 때나 풀리지 않는 문제를 만나면
독서를 하며 답을 찾겠습니다."

공부하는 이유는 감정을 바르게 표현하기 위함입니다

성공의 비결은
좌절하거나 분노하지 않고,
시련을 조용히 극복하는 데에 있습니다.

_오노레 드 발자크(Honore de Balzac)

발자크는 프랑스의 작가입니다. 철학적인 내용, 판타지 소설 등 다양한 장르의 작품을 남겼어요.

"화가 나서 도저히 참을 수가 없어! 당장 가서 따져야겠어!"

분노하면 나도 모르게 이런 말이 튀어나오죠. 물론 화를 내야 할 때 화를 내면서, 나의 상한 기분을 상대방에게 제대로 전달하는 것도 중요합니다. 하지만 너무 자주 화를 내거나 짜증을 부리고 있다면 나를 돌아볼 필요가 있어요. 울고, 소리치고, 떼를 쓰는 건 세 살 아이도 할 수 있는 일이니까요.

발자크는 화가 날수록 차분한 마음을 유지하라고 말합니다. 분노하는 대신 감정을 말과 글로 조용히 표현하자고 권하죠.

이것은 우리가 책을 읽고 공부를 하는 이유이기도 합니다. 독서와 공부를 통해서 내가 느끼는 감정이 정확하게 어떤 것인지 알고, 그 느낌을 주변 사람들에게 차분하게 표현할 힘을 얻을 수 있죠. 그러면 우리 주변에는 다툼이 줄고, 좋은 소식만 가득해질 것입니다.

"나는 쉽게 분노하거나
짜증을 내지 않습니다.
나의 감정을 무작정 분출하기보다는
차분하게 설명할 줄 아는
사람이 되겠습니다."

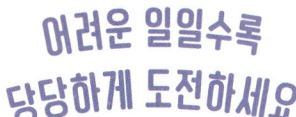

어려운 일일수록
당당하게 도전하세요

한 시간에는 일 분이 육십 개 있습니다.
하루에는 무려 천 개가 넘게 있습니다.
잊지 마세요.
여러분에게는 무엇이든 할 수 있는
충분한 시간이 있다는 이 멋진 사실을!

_요한 볼프강 폰 괴테(Johann Wolfgang von Goethe)

괴테는 독일의 대표적인 소설가이자 시인, 철학자예요. 《젊은 베르테르의 슬픔》, 《파우스트》 등의 작품을 남겼지요.

살면서 우리는 도저히 내 힘으로 해낼 수 없을 것 같은 어려운 일을 종종 만나게 됩니다.

    그런데 어떤 친구는 당당하게 도전을 받아들인 후 최선을 다해 멋지게 이겨내지만, 어떤 친구는 무작정 도전을 피하거나 두려워해요. 여러분은 둘의 차이가 무엇이라고 생각하나요?

    괴테의 말처럼, 생각 이상의 결과를 내는 사람들은 같은 상황에서도 이렇게 생각하고 외칩니다.

    "나는 할 수 있어. 나에게는 능력이 있고 시간도 충분하니까!"

    우리에게 중요한 건, 조급한 마음을 버리고 최선을 다해 내가 갖고 있는 모든 것을 쏟아내는 것입니다. 할 수 있다고 생각하면, 누구든지 내 안에 있는 능력을 끄집어낼 수 있습니다.

"상황이 어떻든
나는 내가 할 수 있는 것들을
흔들리지 않고 해냅니다.
생각을 바꾸면
내 안에 있는 슈퍼파워가 발휘돼요."

질문은 우리를 미지의 세계로 초대합니다

질문을 던지는 사람은
잠시 바보가 됩니다.
하지만 가만히 있는 사람은
평생 바보로 남게 됩니다.

_장 폴 사르트르(Jean-Paul Sartre)

사르트르는 프랑스의 철학자이자 소설가, 극작가예요.

선생님이 쓴 책, 《나에게 들려주는 예쁜 말》이라는 동화책에는 사랑스러운 토끼가 나옵니다. 하루는 이 책을 읽은 한 친구가 저에게 이런 질문을 했어요

"작가님, 어떻게 하면 토끼와 친해질 수 있나요?"

여러분은 이 질문에 대해 어떻게 생각하세요? 선생님은 참 멋진 질문이라고 생각했어요. 동화책에 나오는 토끼와 친해지고 싶은 그 예쁜 마음이 느껴졌거든요.

물론 '에이, 동화 속에 나오는 토끼와 친해지다니, 불가능한 얘기잖아!'라고 생각할 수도 있어요. 하지만 그렇게 책을 읽으면 재미가 없어요. 색다른 질문을 할 수 없으니까요.

사르트르의 말처럼, 질문하기를 두려워하지 마세요. 질문을 품은 채로 책을 읽고 공부해야 색다른 답을 찾을 수 있으니까요.

오히려 엉뚱하고 재미있는 질문을 많이 떠올려 보길 권합니다. 그러면 질문의 숫자만큼 여러분의 삶이 다양한 색으로 빛나게 될 거예요.

"나의 질문에는 한계가 없습니다.
바닷속부터 우주 끝까지,
궁금한 것은 무엇이든 질문할 수 있죠.
질문의 답을 찾기 위해
나는 새로운 방법을 고민하고
상상의 나래를 펼칩니다."

지혜로운 사람이 되고 싶다면 다른 사람의 의견을 존중하세요

지혜는 세상을 비추는
가장 밝은 빛입니다.
그래서 지혜는 세상을 따뜻하고
밝은 눈으로 바라보며
사랑하는 사람에게 더 잘 보입니다.

_ 플라톤(Platon)

플라톤은 서양 학문에 큰 영향을 미친 고대 그리스의 철학자예요.

"야, 내가 맞다니까!"

"아니야, 내 말이 맞아."

친구들과 놀다 보면 하루에도 몇 번씩 의견 충돌이 일어나요. 당연합니다. 우리는 모두 다른 생각을 가지고 살거든요. 이 세상 사람의 수만큼 다른 의견이 있죠. 그래서 우리에게는 '존중'이라는 마음이 필요해요.

존중은 어떻게 실천할 수 있을까요? 그 방법으로 플라톤은 '사랑'을 강조했습니다. 사랑의 눈으로 상대를 바라보아야 그 사람의 생각도 존중할 수 있다는 것이죠.

존중하는 마음이 있다면 우리는 모든 사람으로부터 배울 수 있어요. 하지만 존중하지 않고 나만 맞다고 우기면 배움도, 발전도 없을 거예요.

지혜를 더 많이 쌓고 싶다면, 사랑의 눈으로 세상과 주변 사람을 바라보세요.

"나는 모든 사람의
생각을 존중합니다.
항상 사랑하고 배우려는 자세로
세상의 말과 지식을
마음에 소중히 담겠습니다."

5장

"나는 꿈을 이루기 위해 매일 질문합니다.
'나의 꿈은 무엇인가?'
'그 꿈을 이루기 위해 오늘 나는 무엇을 해야 하는가?'
'나는 지금 무엇을 하고 있는가?'
그날그날 할 일을 미루지 않고 실천하면서,
나는 더 빛나는 사람이 됩니다."

내면

내 안에 숨어 있는
가치를 발견해요

적당한 휴식은 나를
단단하게 만들어 줍니다

한가로운 시간은
그 무엇과도 바꿀 수 없는
나의 소중한 재산입니다.

_소크라테스(Socrates)

소크라테스는 고대 그리스의 철학자예요. '너 자신을 알라'라는 말을 남긴 사람으로 잘 알려져 있어요.

건빵에는 구멍이 두 개 있어요. 그 이유에 대해 생각해 본 적 있나요?

건빵에 구멍을 뚫는 이유는 과자가 구워지면서 생기는 수증기가 빠져나갈 틈을 만들기 위해서래요. 그런데 왜 하필 두 개일까요? 그 이유는 너무 많은 구멍을 뚫으면 건빵이 비스킷처럼 얇아지기 때문입니다. 구멍이 딱 두 개 있어야 두툼하면서도 바삭한 건빵이 만들어져요.

휴식이란 그런 것입니다. 건빵의 구멍 두 개처럼 우리 삶에 작은 구멍을 뚫어 바람이 통할 수 있는 여유를 주는 것이죠.

소크라테스의 조언처럼 우리에게는 차분히 자신을 돌아볼 휴식 시간이 필요합니다. 휴식은 그냥 노는 것과는 다릅니다. 지친 몸과 마음에 다시 에너지를 불어넣어 새로운 일을 할 수 있는 힘을 얻는 시간이거든요.

지금 막 힘든 일을 마쳤나요? 그럼 오늘 하루는 편안히 쉬면서 내일을 준비하세요.

"내일 맑은 정신으로 활동하기 위해
우리는 잠을 자요.
더 빠르게, 열심히 달리기 위해 쉬는 거죠.
나는 휴식이 내 삶에 힘이 될 수 있는
좋은 양분이라는 걸 알고 있습니다."

유혹을 이겨낼 수 있는 사람

최고의 승리는 자기 자신을
정복하는 것입니다.
반대로 자기 자신에게
정복당하는 것은
최대의 수치입니다.

_아리스토텔레스(Aristoteles)

아리스토텔레스는 고대 그리스의 철학자예요. 물리학, 시, 생물학, 동물학, 정치학, 윤리학 등 다양한 분야를 연구하고 책을 썼어요.

"아, 게임 한 판만 더 하고 싶다!"

"10분도 안 된 것 같은데, 벌써 30분이나 봤네!"

게임과 동영상 시청은 아무리 해도 지겹지가 않아요. 오히려 하면 할수록 더 하고 싶죠. 빠져들 수밖에 없도록 설계되어 있거든요.

시간 제한 없이 게임을 하고 유튜브를 시청한다면 참 좋겠지만 내가 하고 싶은 일만 하면서 살 수는 없습니다. 그건 자기 자신에게 정복당하는 일이니까요. 아리스토텔레스는 하고 싶은 것의 유혹을 이겨내고, 해야 하는 것을 먼저 하는 사람이야말로 현명하고 성숙한 사람이라고 말했습니다.

하고 싶은 것을 하지 말라는 게 아니에요. 균형을 잡자는 말이죠. 숙제와 독서, 목욕과 양치질, 방 청소 같은 것은 살면서 꼭 해야 하는 일입니다. 이렇게 반드시 해야 하는 일들을 제때, 제대로 하면서 그 외 시간에 내가 하고 싶은 일, 좋아하는 일을 하며 하루를 보낸다면 매일이 행복으로 가득할 겁니다.

"나는 꼭 해야 하는 일을 먼저 하고
그 다음에 하고 싶은 것을 하면서
하루를 균형 있게 보내는
현명한 사람입니다."

단단한 자존감은
어떻게 만들어질까?

사람들이 내게 뭐라고 묻는지는
그리 중요하지 않습니다.
중요한 건, 내가 그들에게
뭐라고 답하는가입니다.

_W.C. 필즈(W.C. Fields)

필즈는 미국의 극작가이자 배우, 코미디언입니다. 많은 명언을 남긴 사람으로도 알려져 있어요.

여기, 시험에서 100점을 받은 친구와 80점을 받은 친구가 있습니다. 둘 중 누구의 자존감이 더 높을까요?

칭찬을 독차지할 테니 100점 받은 아이의 자존감이 더 높을 거라 생각할 수도 있어요. 하지만 꼭 그런 건 아닙니다. 기죽지 않는 단단한 자존감은, 세상의 기준이 아니라 내가 나를 믿고 지지하는 마음에서 만들어지기 때문입니다.

80점을 받았지만 즐겁게 공부했고, "이만하면 잘했어. 다음에는 10점 더 올려야지."라며 자기의 점수에 만족한다면 이 아이는 단단한 자존감을 가진 사람입니다.

100점을 받았어도 '이번에는 운 좋게 아는 문제만 나와서 다 맞췄지만, 다음에 성적이 떨어지면 어쩌지?'라며 불안에 떤다면 이 아이는 자존감이 낮은 사람입니다.

필즈의 말처럼 세상 사람들의 평가는 중요하지 않습니다. 중요한 것은 내가 스스로에게 내리는 평가입니다. 내가 나를 존중하고 소중히 여길 때 다른 사람도 나를 소중하게 대우해줄 것입니다.

"결과에 연연하지 않고
그 과정에 쏟은 자신의 노력을
믿고 사랑할 수 있다면,
우리는 언제든 흔들리지 않고
근사한 하루를 살 수 있습니다."

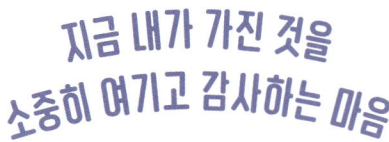

지금 내가 가진 것을
소중히 여기고 감사하는 마음

가지지 못한 것에 대한 욕심으로
가진 것을 망치지 마세요.
지금 여러분이 가진 것 역시
한때는 바라기만 했던 것 중
하나였을 것입니다.

_에피쿠로스(Epicurus)

에피쿠로스는 고대 그리스의 철학자예요.

글쓰기를 어려워하는 친구들이 참 많죠? 선생님도 어릴 적에는 글을 정말 느리게 쓰는 아이였습니다. 친구들은 30분이면 뚝딱 쓰는 일기도 한 시간 넘게 붙잡고 끙끙댔어요.

독후감이 써지지 않아 책상 앞에 멍하니 앉아 있던 어느 날이었어요. 할머니가 저에게 이렇게 말씀하셨습니다.

"종원아, 너는 느린 게 아니라 다른 사람들보다 생각이 깊어서 꺼내는 데 시간이 오래 걸리는 거야. 그래서인지 할머니는 종원이가 어떤 글을 쓸지 늘 궁금하단다."

그 후로 선생님은 글쓰기에 자신감을 갖게 되었어요. 글을 쓰는 속도도 빨라졌고, 백일장에서 상도 여러 번 받았죠.

내게 없는 것을 바라는 게 아니라, 내가 가진 것이 무엇인지 알고 그걸 활용할 수 있으면 누구나 삶에서 기적을 만날 수 있습니다.

선생님도 글을 빨리 쓸 수 있기만을 바랐다면 작가가 되지 못했을지도 몰라요. 하지만 속도가 아닌 깊이를 추구했기에 평생 좋아하는 글쓰기를 하면서 살 수 있게 되었죠.

"나의 단점만 바라보며 한탄하면
나는 늘 '부족한 사람'처럼 생각되지만,
나의 장점을 바라보며 스스로를 칭찬하면
'뭐든 할 수 있는 사람'이 될 수 있습니다.
나는 내가 바라는 대로 만들어집니다."

사람에게 사랑만큼 소중한 것은 없어요

비록 행복하지는 않더라도,
인간은 사랑 하나만 있으면
얼마든지 살 수 있습니다.

_표도르 미하일로비치
도스토예프스키(Fyodor Mikhailovich Dostoevsky)

도스토예프스키는 러시아의 소설가예요. 대표적인 작품으로 《죄와 벌》, 《카라마조프의 형제들》 등이 있지요.

'부모님은 나를 사랑하실까?'

간혹 이런 생각이 듭니다. 특히 무섭게 혼이 난 다음에는 걱정이 더 심해져 두려운 마음까지 들죠.

부모님이 나를 얼마나 사랑하시는지 알고 싶다면 이런 생각을 해 보세요. 내가 정말 싫어하던 채소 반찬을 억지로라도 한 입 먹으면 부모님이 어떻게 반응하시나요? 정말 기뻐하시죠. 반찬 하나 먹는 것만으로도 이렇게 나를 예뻐해 주시는데, 내가 세상에 태어난 날에는 얼마나 행복해하고 감동하셨을까요? 저절로 부모님이 나를 얼마나 사랑하고 아끼시는지 알 수 있게 됩니다.

도스토예프스키의 말처럼 인간은 사랑 하나만 있으면 얼마든지 멋지게 살 수 있어요. 하지만 반대로 생각하면 모든 것을 갖고 있어도 사랑이 없다면 살아갈 힘을 잃게 되죠. 그러니 부모님을 향한 사랑을 지금 표현하세요. 나중에는 말하고 싶어도 말할 수 없을 때가 올 수도 있습니다.

"사랑은 우리를 살게 하는 힘입니다.
지금부터 평생 나는
고마운 마음, 사랑하는 마음을
느끼는 순간 바로바로 표현하겠습니다.
사랑은 표현할수록 더 커지니까요."

할 수 있다는 생각은
마법 주문과도 같아요

생각이 곧 가능성입니다.
할 수 있다고 믿는 마음이 있으면,
무슨 일이든 할 수 있습니다.

_베르길리우스(Vergilius)

베르길리우스는 고대 로마의 시인이에요. 로마 역사상 가장 위대한 작가로 손꼽히는 사람이지요.

"선생님은 왜 이런 문제를 내신 거야? 난 이렇게 어려운 건 못 풀어."

공부를 하다 보면 풀기 힘든 문제를 만나 막막해질 때가 많아요. 그러면 도망치고 싶고 포기하고 싶은 부정적인 생각만 하게 되죠. 하지만 그건 나의 생각을 불가능에 접속하게 하는 매우 나쁜 습관입니다. 이 습관을 버리지 않으면 나는 할 수 없는 일만 늘어나게 될 거예요.

"이건 나도 어쩌면 풀 수 있을 것 같은데? 한번 해 볼까?"

베르길리우스의 말처럼 할 수 있다고 생각하면 상황을 바꿀 수 있습니다. 인간은 불가능한 상황에서도 된다고 생각하면 되는 방법을 찾게 되거든요.

힘든 상황에 놓일 때마다, 나는 나올 수 없는 동굴이 아닌, 결국에는 빛을 만날 수 있는 터널에 있다고 생각하세요. 동굴은 출입구를 찾지 못하면 영영 나올 수 없지만, 터널은 묵묵히 걷다 보면 결국에는 밝은 출구를 만날 수 있습니다.

"나는 뭐든 할 수 있다는
가능성을 높이는 생각으로,
내게 주어진 모든 문제를
차근차근 해결하겠습니다."

남을 탓하기 전에 나의 할 일을 먼저 하세요

내가 맡은 일을 묵묵히 하고
남의 일에
간섭하지 않으면
정의는 저절로 이루어집니다.

_플라톤(Platon)

플라톤은 서양 학문에 큰 영향을 미친 고대 그리스의 철학자예요.

밤새 갑자기 눈이 많이 내린 어느 날이었어요. 아침이 되었는데도 눈이 치워지지 않고 그대로 있자, 인터넷 게시판이 들썩였습니다.

"정부는 대체 뭘 하는 겁니까? 눈길에 사람들이 미끄러지기라도 하면 어쩌라고!"

물론 이런 항의도 필요해요. 나라에서 국민의 안전을 위해 당연히 할 일을 하지 않은 것이니까요. 하지만 선생님은 온라인에 글을 쓰기보다 빗자루를 들고 밖으로 나가, 집 앞에 쌓인 눈을 치우는 쪽을 택했습니다.

사람들은 정의가 중요하니, 아무리 힘들어도 반드시 지켜내야 한다고 말합니다. 하지만 정의는 생각처럼 어렵거나 지키기 힘든 것이 아니에요.

불평하기에 앞서 주위 사람들을 생각하며 집 앞에 쌓인 눈을 치우는 것처럼, 남의 일에 간섭하지 않고 그저 나에게 주어진 일을 하면 저절로 이루어지는 게 정의입니다. 정의는 의무를 소중하는 나의 마음에서 시작됩니다.

"내가 알고 있는 답과
상대방의 답은 다를 수 있습니다.
그러니 상대를 평가하거나 탓하지 말고
그저 묵묵히 나의 일을 하면 됩니다.
각자 맡은 일을 제대로 실천하면,
정의는 저절로 이루어집니다."

용기 있는 사람은 오히려 조용합니다

어리석은 사람들은
할 말이 없으면
욕을 합니다.

_볼테르(Voltaire)

볼테르는 프랑스의 철학자이자 소설가, 시인, 역사가예요.

"저리 꺼져! 내가 할 거야!"

"찌질이냐? 이런 쉬운 것도 못 하게?"

큰소리를 내며 과격한 표현으로 주변 친구 마음을 힘들게 하면서 힘을 과시하는 친구. 본 적 있을 거예요. 여러분은 그런 친구를 대할 때, 어떤 생각이 드나요? 적어도 그 친구가 진짜 용기 있는 사람이라는 생각은 들지 않을 겁니다.

용기 있는 사람은 어려운 일이 닥쳐서 다들 망설이고 있을 때, 조용히 일어나 당당히 맞설 줄 압니다. 소리를 치거나 거친 표현으로 친구를 압박하지 않죠.

철학자 볼테르는 '어리석은 사람은 할 말이 없을 때 욕을 한다.'는 말로 자신의 부족함을 드러내기 싫어 비겁한 행동을 하는 사람들을 꼬집었어요.

목소리가 크다고 용기 있는 사람은 아닙니다. 아무도 나서지 않는 어려운 상황에서 "제가 해보겠습니다."라고 조용히 말하는 사람이 진짜 용기를 가진 사람이지요.

"용기는 시끄럽게 표현하는 게 아니라,
조용히 차분하게 실천하는 것입니다.
할 말이 분명히 있는 사람은
남에게 나쁜 말을 하지 않습니다."

나쁜 것은 빨리 버리세요

없앨 것은 몸집이 작을 때
미리 빠르게 없애고,
버릴 물건은 무거워지기 전에
버리는 게 좋습니다.

_노자(老子)

노자는 고대 중국의 철학자이자 사상가예요. 아시아의 종교 중 하나인 '도교'를 창시한 사람이기도 하지요.

유난히 좋은 일이 끊이지 않고, 주변에 좋은 친구들만 가득한 사람들이 있습니다. 그들의 공통점은 바로 늘 즐거운 마음을 유지한다는 것입니다.

내 기분이 좋으면 주변 사람들을 웃는 얼굴로 대할 수 있어요. 나와 내 주변 사람들이 모두 즐거우면 자연스럽게 좋은 일만 생기는 하루를 살게 되죠.

그럼, 즐거운 마음을 유지하려면 어떻게 해야 할까요?

내게 나쁜 영향을 주는 것들을 하나씩 없애야 합니다. 나쁜 습관, 나쁜 기분, 나에게 도움이 되지 않는 물건들을 주위에 두면 자꾸만 그것들의 나쁜 영향을 받게 되거든요.

질문을 통해 여러분의 삶에서 버릴 것을 찾아보세요.

1. 내 방에 없어도 되는 물건은 뭐가 있을까?
2. 나는 어떤 생각을 할 때 기분이 나빠질까?
3. 나의 습관 중에 버리고 싶은 한 가지는 무엇일까?

"내게 나쁜 영향을 주는 습관은
최대한 빨리 없애야 합니다.
나쁜 습관이 몸에 배면
평생 없애지 못할 수도 있습니다."

걱정할 필요가 없는 이유

해결할 수 있는 일이라면
걱정할 필요가 없고,
해결할 수 없는 일이라면
걱정해도 아무 소용이 없습니다.

_달라이 라마(Dalai Lama)

달라이 라마는 티베트 불교의 지도자예요. '살아있는 부처'라고 표현하기도 해요.

"괜히 장기자랑에 나간다고 했나? 놀림받으면 어쩌지?"

"그런데 소풍 날 비가 오면 어떻게 해?"

이렇게 걱정이 꼬리에 꼬리를 물고 계속되는 경험, 해본 적 있나요? 오랫동안 걱정을 하다 보면 자꾸만 부정적인 마음이 생겨나서 아무 것도 하지 못하게 돼요.

티베트의 지도자 달라이 라마는 아무런 행동도 하지 않으면서 일어나지 않은 일에 걱정만 하는 것을 '감정의 낭비'라고 말했어요.

내가 할 수 있는 일이라면 왜 걱정을 하나요? 그냥 하면 되지요. 반면에 내가 할 수 없는 일이라면 걱정한다고 무슨 소용이 있을까요? 어차피 불가능한 일인데요.

걱정이란, 해야만 하는 일을 하기 싫어서 만드는 핑계이고, 내가 어쩔 수 없는 일을 욕심부리는 일이에요. 이제는 걱정으로 아까운 시간을 버리지 마세요. 할 수 없는 거라면 연습해서 실력을 키운 후에 나중에 도전하면 되고, 할 수 있는 거라면 지금 도전하면 됩니다.

"지금 할 수 있는 일은
자신 있게 도전하면 되고,
할 수 없는 일은 연습을 통해서
실력을 기른 후 도전하면 됩니다."

감정을 다양한 단어로 표현해 보세요

내가 사용하는 언어의 수가
내 생각의 깊이를 말해줍니다.
풍부한 어휘를 사용할 수 있는 사람은
그만큼 더 넓은 세상을 볼 수 있습니다.

_루트비히 비트겐슈타인(Ludwig Wittgenstein)

비트겐슈타인은 오스트리아에서 태어나 영국에서 활동한 철학자입니다. 수학, 심리, 언어와 철학을 함께 연구했어요.

식당에서 음식을 먹고 있는데, 부모님이 "맛이 어때?" 물으시면 여러분은 뭐라고 답하나요? "너무 맛있어요!"라고 짧게 답하곤 더 할 말이 떠오르지 않아 다시 음식에 집중하지는 않나요?

갖고 싶었던 물건을 선물 받았을 때는 "너무 좋아!", 어울리는 옷을 산 후에는 "너무 예뻐!"라고 기분을 표현하고요.

상황이 전부 다름에도 불구하고 우리는 '너무'라는 단어 하나로 감정을 표현하고 있어요. '너무'라는 말 자체가 나쁘다는 것이 아닙니다. 나의 생각을 나타내는 다양한 단어를 찾기 위해 고민하지 않고 그냥 뭉뚱그려버리는 것이 문제죠.

이 세상에서 더 많은 것을 보고, 느끼고 싶다면 먼저 내가 사용하는 언어의 폭을 확장해야 합니다. 많이 표현할수록 생각과 감정은 풍부해지거든요.

"이 불고기는 달짝지근하면서 짭조름해서 제 입맛에 딱 맞아요!"

어떤가요? 생각과 감정이 훨씬 정확히 느껴지죠?

"재미있는 신조어나 유행어를
사용하는 것도 좋지만
나는 그걸 대체할 수 있는 말을
찾아보겠습니다.
가능한 많은 단어를 사용하면서
생각의 폭을 넓히겠습니다."

내일의 나는
오늘의 내가 만듭니다

사람들은 자신에게 주어진 인생의
3분의 1이나 잠으로 소비하면서,
죽는다는 것을 슬퍼합니다.

_조지 고든 바이런(George Gordon Byron)

바이런은 영국의 시인이에요. 낭만적인 분위기의 작품을 많이 발표한 작가로 알려져 있답니다.

누구나 꿈과 목표를 가지고 있습니다. '새 학기에는 친구를 더 많이 사귀어야지.', '이번 달에는 책을 다섯 권 읽을 거야.' 같이 짧은 시간에 이룰 수 있는 목표도 있고, '나는 사람들에게 웃음을 주는 영상을 만드는 유튜버가 될 거야.', '나는 유럽 리그에서 뛰는 축구선수가 될 거야.' 같이 미래에 이루고 싶은 꿈도 있어요.

꿈과 목표는 마음에 품는 것도 중요하지만 이루는 것이 더 중요해요. 꿈을 이루고 싶다면 매일 "지금 나는 무엇을 하고 있는가?" 질문하기를 바랍니다. 미래는 오늘 내가 한 일들의 합으로 결정되거든요.

바이런의 말이 참 날카롭습니다. 우리는 왜 인생의 3분의 1을 잠자는 데에 쓰면서, 정작 죽음이 다가올 땐 슬픔에 빠지는 걸까요. 지금 이 순간에 최선을 다하면, 어떤 후회도 하지 않을 텐데 말이죠.

말만으로 미래는 변하지 않습니다. 바꾸고 싶은 게 있다면 오늘의 내가 시작해야 합니다.

"나는 꿈을 이루기 위해 매일 질문합니다.

'나의 꿈은 무엇인가?'

'그 꿈을 이루기 위해 오늘 나는 무엇을 해야 하는가?'

'나는 지금 무엇을 하고 있는가?'

그날그날 할 일을 미루지 않고 실천하면서,

나는 더 빛나는 사람이 됩니다."

어린이를 위한 철학자의 말

초판 1쇄 발행 2025년 3월 20일
초판 5쇄 발행 2025년 5월 9일

지은이 김종원
펴낸이 박혜연

디자인 이연수
일러스트 buri
마케팅 김하늘
펴낸곳 ㈜윌마 **출판등록** 2024년 7월 11일 제 2024-000120호

ISBN 979-11-988895-5-3 (73100)

· 책값은 뒤표지에 있습니다.
· 파본은 구입하신 서점에서 교환해드립니다.
· 이 책은 저작권법에 의하여 보호를 받는 저작물이므로 무단 전재와 복제를 금합니다.

㈜윌마는 독자 여러분의 책에 관한 아이디어와 원고 투고를 기다리고 있습니다. 책 출간을 원하시는 분은 이메일 wilma@wilma.kr로 간단한 개요와 취지, 연락처 등을 보내주세요.